Do silêncio do lar
ao silêncio escolar

ELIANE CAVALLEIRO

Do silêncio do lar
ao silêncio escolar

Racismo, preconceito e discriminação
na educação infantil

Copyright© 2000 Eliane dos Santos Cavalleiro
Todos os direitos desta edição reservados à
Editora Contexto (Editora Pinsky Ltda.)

Preparação de originais
Fábio Amancio

Revisão
Ana Luíza França/Texto & Arte Serviços Editoriais

Projeto de capa e montagem
Antonio Kehl

Diagramação
Global Tec Produções Gráficas
Texto & Arte Serviços Editoriais

Dados Internacionais de Catalogação na Publicação (CIP)
(Câmara Brasileira do Livro, SP, Brasil)

Cavalleiro, Eliane dos Santos
Do silêncio do lar ao silêncio escolar: racismo, preconceito
e discriminação na educação infantil / Eliane dos Santos
Cavalleiro. – 6. ed., 11ª reimpressão. – São Paulo: Contexto, 2024.

Bibliografia
ISBN 978-85-7244-147-6

1. Discriminação na educação – Brasil 2. Educação de crianças
3. Negros – Educação – Brasil 4. Preconceitos – Brasil
5. Racismo, preconceito e discriminação na educação infantil

00-2292   CDD-371.829

Índices para catálogo sistemático:
1. Discriminação racial na escola : Educação 371.829
2. Preconceitos raciais na escola : Educação 371.829
3. Racismo na escola : Educação 371.829

2024

EDITORA CONTEXTO
Diretor editorial: *Jaime Pinsky*

Rua Dr. José Elias, 520 – Alto da Lapa
05083-030 – São Paulo – SP
PABX: (11) 3832 5838
contato@editoracontexto.com.br
www.editoracontexto.com.br

Proibida a reprodução total ou parcial.
Os infratores serão processados na forma da lei.

A Juan e Ramon, razão e emoção que motivam este e muitos outros estudos que hão de vir.

SUMÁRIO

Introdução 9
   Caminhos percorridos 13

Educação infantil – socialização: família, escola e sociedade 15
   Os caminhos da socialização 15
   Um ponto de interrogação na sociedade brasileira:
   racismo, preconceito e discriminação 21

Relações étnicas no Brasil 27
   Uma breve história sobre o negro na sociedade brasileira 27
   O negro e a educação 32
   A investigação sobre racismo, preconceito e
   discriminação no contexto da educação infantil 36

Família, escola – socialização e as diferenças étnicas 39
   O caminho seria menos árduo, fosse outro caminhante? .. 39
   Perfil das profissionais da pré-escola 42
   Harmonia e serenidade: um aparente paraíso escolar 43
   Crianças negras e brancas interagindo e reagindo 52
   Convivência multiétnica: uma realidade esquecida 54
   O silêncio como uma estratégia para evitar o conflito étnico .. 58
   Neutralizando as desigualdades de tratamento 62
   Uma desvalorização sistemática 64
   Um olhar que transforma vítimas em culpadas 67
   A família pode ser culpada, a escola, não! 68
   Explicando as diferenças étnicas 69
   Preconceito: um problema latente 72
   "Ser bom" e "estar bom": uma sutil diferença 75
   Ausência de limites entre brincadeira
   e violência, autoridade e violência 77
   Brincando de faz de conta 79

Família e relações étnicas: o difícil contato
com o racismo, o preconceito e a discriminação 81

*Família, escola e sociedade: a construção
do silêncio e da submissão na socialização* 97
    O gritante silêncio que ecoa no espaço reservado
    para a felicidade e realização do ser humano 99
    Como um bálsamo, o silêncio abranda as dores da alma 100

Notas 103

Referências bibliográficas 107

Agradecimentos 111

INTRODUÇÃO

Se a educação não transforma sozinha a sociedade, sem ela tampouco a sociedade muda. Se a nossa opção é progressista, se estamos a favor da vida e não da morte, da equidade e não da injustiça, do direito e não do arbítrio, não temos outro caminho senão viver plenamente a nossa opção. Encarná-la, diminuindo assim a distância entre o que dizemos e o que fazemos.

Paulo Freire

A discussão das relações étnicas em território brasileiro é uma questão antiga, complexa e, sobretudo, polêmica. Porém, trata-se de uma discussão necessária para a promoção de uma educação igualitária e compromissada com o desenvolvimento do futuro cidadão. O economista Hélio Santos afirma:

> O desafio brasileiro para este fim de milênio é construir uma democracia substantiva. Isto significa elaborar um modelo democrático onde o que conta é a igualdade de oportunidades e não a igualdade que afirma serem iguais perante a lei, conforme preconiza o artigo 5 da Constituição Federal. Não é adequado, em um país de exclusão social, tratar de maneira igual pessoas que são atávicas e secularmente diferentes.[1]

Assim, este trabalho se insere no conjunto das pesquisas já realizadas com o objetivo de reunir informações sobre negros no sistema de ensino. Visa subsidiar estratégias que elevem a autoestima de indivíduos pertencentes a grupos discriminados e criar condições que possibilitem a convivência positiva entre as pessoas. Em especial, tornar a escola um espaço adequado à convivência igualitária.

A ideia desta pesquisa começou a florescer no segundo semestre de 1995, por ocasião de meu ingresso no Núcleo de Pesquisas e Estudos Interdisciplinares do Negro Brasileiro, da Universidade de São Paulo (NEINB-USP) somado à minha experiência profissional em uma escola de educação infantil por mais de quatro anos.

A relação diária com crianças de quatro a seis anos permitiu-me identificar que, nesta faixa de idade, crianças negras já apresentam uma identidade negativa em relação ao grupo étnico ao qual pertencem.

Em contrapartida, crianças brancas revelam um sentimento de superioridade, assumindo em diversas situações atitudes preconceituosas e discriminatórias, xingando e ofendendo as crianças negras, atribuindo caráter negativo à cor da pele.

Essas situações de discriminação, ocorridas na presença de professores, sem que estes interferissem, chamaram minha atenção. Os educadores não perceberam o conflito que se delineava. Talvez por não saberem lidar com tal problema, preferiram o silêncio. Também me questionei sobre a possibilidade desse silêncio decorrer do fato de esses profissionais compactuarem com as ideias preconceituosas, considerando-as corretas e reproduzindo-as em seus cotidianos.

De qualquer modo, minha experiência mostrou que o silêncio do professor facilita novas ocorrências, reforçando inadvertidamente a legitimidade de procedimentos preconceituosos e discriminatórios no espaço escolar e, com base neste, para outros âmbitos sociais.

De fato, a fonte primeira desse questionamento é minha própria experiência como criança negra. No contexto escolar, meu silêncio expressava a vergonha de ser negra. Nas ofensas, eu reconhecia "atributos inerentes" e, assim sendo, a solução encontrada era esquecer a dor e o sofrimento. Vã tentativa. Pois pode-se passar boa parte da vida, ou até mesmo a vida inteira, sem nunca esboçar qualquer lamento verbal como expressão de sofrimento. Mas sentir essa dor é inevitável. Dada sua constância, aprende-se a, silenciosamente, "conviver".

Após aprofundar meus estudos sobre essa questão e analisando o contexto familiar, acredito que o silêncio constituía uma regra – implícita – que todos da família dominavam muito bem. Os comentários sobre os sofrimentos decorrentes do preconceito e da discriminação envolviam sempre um parente ou um amigo próximo, mas nunca algum de nós.

Compreendo que a análise do processo de socialização na primeira infância implica conhecer as atitudes e os comportamentos dos familiares – adultos e jovens – ligados não somente ao cuidado da criança mas também a todo o conjunto de normas, regras e crenças praticadas e valorizadas pelo grupo, que possibilitarão a sua introdução na sociedade. Para Jerusa Vieira Gomes, haveria uma

> (...) imperiosidade de analisar os três ângulos da questão: o mundo social imediato, a ser interiorizado pela criança; a família que, além de ser mediadora, tem especificidades que a distinguem de qualquer outra; a criança que, sujeito da aprendizagem social, interiorizará o mundo mediado a partir de suas próprias idiossincrasias e de maneira singular e solitária (Gomes, 1990, p. 59).

Nesse sentido, a análise buscará compreender como se tem desenvolvido o processo de socialização dessa geração de sujeitos sociais e que mundo lhes está sendo posto para ser interiorizado.

A necessidade de aprofundar o estudo da questão étnica mostra-se, ainda, indispensável diante do atual processo de globalização, uma vez que este aproxima culturas e povos distantes, ao mesmo tempo que parece facilitar o reaparecimento de movimentos de xenofobia e de racismo que se imaginava enfraquecidos.

A globalização da economia aumentou o que se tem, impropriamente, denominado "exclusão social", marcadamente pautada na cor. Os recentes dados divulgados pela Organização Mundial de Saúde (OMS) sobre a Aids mostram uma vertiginosa concentração de pessoas infectadas no continente africano.

A mesma exclusão pautada na linha de cor observa-se na crescente onda anti-imigrante que tomou conta de países da Europa: França, Alemanha, Inglaterra e Espanha, entre outros. O crescimento de organizações de extrema-direita nesse continente, como a Frente Nacional (FN), na França, é evidência dessa onda.

A globalização mundializou o debate sobre o racismo, preconceito e discriminação, em especial, nas sociedades multiétnicas, como a brasileira.

Os meios de comunicação têm divulgado a naturalidade com que, nos Estados Unidos, os integrantes da Ku Klux Klan[2] pregam suas mensagens e tomam atitudes racistas à luz do dia e sem o capuz a esconder-lhes a face. A força com a qual esse movimento ressurge permite que seus integrantes se exponham sem medo de represálias.

O racismo prospera, também, por intermédio de sites da Internet que estimulam o ódio racial[3], promovendo contato com grupos racistas da Europa e dos EUA. Assim, ele adentra nossas residências e chega aos nossos filhos, com ou sem a nossa concordância ou permissão.

É preciso estar atento para o fato de que os sites da Internet apenas refletem os acontecimentos da sociedade. Se eles se encontram na rede é porque existem indivíduos que os alimentam e deles fazem uso. Seus autores não estão criando o problema, mas livremente propagando-o.

Deste modo, compreender parte do processo socializador, na escola e na família, no que tange ao reconhecimento da diferença étnica numa sociedade envolta em um manto de "democracia racial" torna-se imperioso, e é o interesse maior deste trabalho.

Não se concebe um desenvolvimento proporcionado exclusivamente pela educação formal, como também não se pode entendê-lo sendo realizado unicamente pelo grupo familiar. Afinal, juntas, escola e família são responsáveis pela formação do indivíduo. A escola não pode ser valorizada em oposição à educação familiar e vice-versa. Ambas desempenham funções de profunda importância.

Assim, a pesquisa que serve de base ao presente trabalho foi pensada tendo em vista o acompanhamento do indivíduo no convívio social, em suas relações multiétnicas no espaço pré-escolar. Desta maneira, pretende apreender como a criança lida com suas primeiras experiências multiétnicas, como as pensa e as elabora.

Também não basta perguntar ao professor como ele concebe o seu relacionamento com as crianças. É necessário vê-lo na sua prática profissional, no seu dia a dia.

Observar as relações interpessoais que na escola se vivenciam é, penso, essencial quando se entende a Educação como um dos principais fatores de desenvolvimento da cidadania. Só por meio dela é possível desmistificar as grandes contradições que nos são peculiares.

Escola e família, juntas, representam a possibilidade da transformação do pensamento sobre a realidade social construída sob "ideologias", como o "mito da democracia racial". Somente uma discussão profunda dos problemas relacionados ao preconceito e à discriminação pode concorrer para a transformação da sociedade.

Caminhos percorridos

Com o objetivo de estudar mais profundamente a questão em pauta, esta pesquisa foi projetada tendo em vista o acompanhamento do indivíduo no convívio social, em suas relações multiétnicas, tanto no espaço pré-escolar quanto no familiar.

Para isso, foram construídas as seguintes hipóteses:
a) O educador da pré-escola brasileira apresenta dificuldades para perceber os problemas que podem aparecer nas relações entre crianças pertencentes a diferentes grupos étnicos.
b) As crianças em idade pré-escolar já interiorizaram ideias preconceituosas que incluem a cor da pele como elemento definidor de qualidades pessoais.
c) O silêncio do professor, no que se refere à diversidade étnica e às suas diferenças, facilita o desenvolvimento do preconceito e a ocorrência de discriminação no espaço escolar.

A partir dessas hipóteses, interessava observar adultos e crianças interagindo na situação escolar. Era, também, importante presenciar e assistir à intervenção das professoras[4], caso houvesse alguma, durante e após as ocorrências conflituosas.

Para isso, foi tomada como principal fonte de coleta de dados a observação sistemática de elementos participantes do pré-escolar cotidiano – corpo docente e discente e demais funcionários.

O roteiro que norteou toda a coleta de dados pautava-se principalmente na observação da relação professor/aluno, aluno/professor e aluno/aluno, considerando aspectos importantes:
a) *Expressão verbal* – Falas valorativas positivamente (elogiosas) ou negativamente (depreciativas) – explícita ou implícita – sobre algum indivíduo, sobre sua cultura ou sobre o grupo étnico.

b) *Prática não verbal* – Atitudes que demonstram a aceitação ou rejeição do contato físico proposto pelas crianças e seus professores – por meio de abraço, beijo, carinho ou olhar e comportamento que evidencie afeição – e as tentativas de aproximação ou afastamento entre os indivíduos.
c) *Prática pedagógica* das professoras – positiva, negativa ou invisível –, no uso de materiais (cartazes, livros, revistas, desenhos ou outro meio qualquer) sobre a variedade étnica brasileira.

Para o desenvolvimento da pesquisa foi escolhida uma escola municipal de educação infantil (EMEI), localizada na região central de São Paulo, que recebe diariamente quinhentas crianças com idade entre quatro e seis anos.

A observação sistemática do cotidiano escolar foi realizada pelo período de oito meses, em três salas de aula, o que possibilitou conhecer:
a) alguns procedimentos de crianças e adultos diante da diversidade étnica;
b) os valores atribuídos tanto pelo profissional de educação a sua clientela quanto pelas crianças aos seus pares;
c) de ambas as partes, atitudes e práticas que evidenciam a presença de discriminação e preconceito na pré-escola.

Em uma segunda etapa, foram entrevistados profissionais da escola, alunos e seus familiares. A preocupação básica foi levantar os efeitos das relações multiétnicas na sociedade brasileira e na vida dos entrevistados.

Os depoimentos possibilitaram compreender um pouco mais a socialização das crianças no que tange ao fator étnico. A união das duas etapas ampliou a compreensão do processo de socialização desenvolvido na educação infantil.

EDUCAÇÃO INFANTIL – SOCIALIZAÇÃO: FAMÍLIA, ESCOLA E SOCIEDADE

A beleza e importância da socialização primária reside não só no mecanismo do processo em si, mas, mais que isto, no fato de que sua compreensão permite ao investigador social apreender a formação da identidade do indivíduo. Ora, se atingirmos esta compreensão, seremos capazes de recompor o processo de uma sociedade, num momento dado, apreendendo, em certa medida, o seu passado e sendo, nesta mesma medida, capazes de prever o seu futuro. E, assim, estaremos estudando o homem concreto, numa sociedade concreta.

Jerusa Vieira Gomes

Os caminhos da socialização

Falar em socialização do zero aos sete anos é falar de uma etapa fundamental para o desenvolvimento humano. Tal afirmação supõe considerar a educação recebida pela criança como significativa para o desenvolvimento futuro do sujeito social. Esse conceito é compartilhado por muitos pesquisadores e estudiosos do desenvolvimento humano (Freud, Piaget, Erikson, Berger, Luckmann, entre outros).

Nessa etapa da vida, ocorre a primeira socialização do indivíduo – socialização primária –, ou seja: "a ampla e consistente introdução de um indivíduo no mundo objetivo de uma sociedade ou de um setor dela" (Berger & Luckmann, 1976, p. 175). Numa relação dialética homem/sociedade, o novo membro da sociedade interioriza um mundo já posto, que lhe é apresentado com uma configuração já definida, construída anteriormente à sua existência. Assim, interagindo com outros, a criança aprenderá atitudes, opiniões, valores a respeito da sociedade ampla e, mais especificamente, do espaço de inserção de seu grupo social.

Em conformidade com Berger e Luckmann, Nicolas Caparrós também concebe a socialização primária como uma tarefa familiar. Para ele, a família não somente dota seu novo membro de elementos para representar seu sexo, mas também para perpetuar adequadamente a divisão social das classes. "Da família sai o possuidor, o comunista, a mulher passiva, o dominado e o dominador. (...) as futuras relações, homem/mulher, tanto em autovalorização e valorização do outro, já estão ideologicamente plantadas em semelhança às dos adultos" (Caparrós, 1981, p. 52).[1]

A socialização torna possível à criança a compreensão do mundo por meio das experiências vividas, ocorrendo paulatinamente a necessária interiorização das regras afirmadas pela sociedade. Nesse início de vida a família e a escola serão os mediadores primordiais, apresentando/significando o mundo social.[2]

As idiossincrasias estarão determinando as diferenças pessoais, pois esse processo não é simplesmente ensinado: a criança mostra-se um parceiro ativo, podendo procurar novas informações em outros lugares. Deste modo, as atitudes e os comportamentos sociais não serão obrigatoriamente cópias fiéis das atitudes e dos comportamentos de seus mediadores. Porém, dizer isto não significa diminuir o papel dos mediadores, nem desconsiderar o fato de as crianças se identificarem com os seus familiares: pais, irmãos mais velhos e outros adultos. Elas podem, inconscientemente, copiar a conduta do adulto exatamente como elas veem o adulto atuando à sua volta.

> É de conhecimento comum que a socialização em sociedades complexas, como a brasileira, se dá de forma espontânea e sistemática. A espontânea, como se sabe, apanha o indivíduo ao nascer e o envolve até a morte. As agências corriqueiramente citadas como responsáveis por esse processo socializador confundem-se com os chamados grupos primários em diferentes graus de institucionalização e, às vezes, com distintas metas

sociais (...). Nessa relação de grupos são costumeiramente incluídos, também, desde agências tradicionais formadoras de opinião, como, a igreja e a imprensa, até os mais persuasivos e modernos mecanismos de comunicação social, como o cinema, o rádio e a tevê, que influenciam e moldam pessoas e grupos sociais atuando tanto em ambientes fechados como em locais públicos. Para usar uma expressão ao mesmo tempo tipológica e simbólica, tais mecanismos estão presentes tanto na casa como na rua" (Borges Pereira. "A criança negra: identidade étnica e socialização", em *Cadernos de pesquisa*, nº 63, São Paulo, 1987, p. 41).

Na sociedade brasileira, a Educação Infantil constitui um direito institucionalizado desde 1988 (artigo 208, inciso IV da Constituição Federal). A promulgação da Constituição reconheceu o direito à educação para crianças menores de sete anos. As instituições públicas de Educação Infantil (EMEIs e creches) favorecem sobremaneira as famílias de baixa renda cujas mães trabalham fora e deixam seus filhos sob os cuidados destas.

Também em defesa das crianças e adolescentes temos o Estatuto da Criança e do Adolescente (Lei 8069/91), que lhes assegura:

(...) o direito à liberdade, ao respeito e à dignidade como pessoas humanas em processo de desenvolvimento e como sujeitos de direitos civis, humanos e sociais garantidos na Constituição e nas Leis; (...) direito à educação, visando ao pleno desenvolvimento de sua pessoa, preparo para o exercício da cidadania e qualificação para o trabalho (...). Igualdade de condições para o acesso e permanência na escola; direito de ser respeitado por seus educadores; e ter respeitados os valores culturais, artísticos e históricos próprios no contexto social da criança e do adolescente, garantindo-se a estes a liberdade de criação e o acesso às fontes de cultura.

A experiência escolar amplia e intensifica a socialização da criança. O contato com outras crianças de mesma idade, com outros adultos não pertencentes ao grupo familiar, com outros objetos de conhecimento, além daqueles vividos pelo grupo familiar vai possibilitar outros modos de leitura do mundo.

Toda essa nova experiência pode ser muito positiva para o desenvolvimento da criança, o que caracteriza as creches e pré-escolas como um espaço importante para o desenvolvimento da criança (Oliveira *et alii*, 1992; Cavichia, 1993; Gomes, 1994).

Nesse sentido, Gomes (1994) acredita que: "As creches, pré-escolas e muitas outras instituições voltadas ao atendimento de crianças (...) promovem também a socialização primária de maneira auxiliar e complementar à família" (Gomes, 1994, p. 60).

As instituições de Educação Infantil organizam e formalizam uma aprendizagem que já se iniciou na família e que vai ter continuidade nas suas experiências com a sociedade. Assim, não só a família se torna responsável pela aprendizagem da vida social, embora represente, inicialmente, o elo mais forte que liga a criança ao mundo.

Para Gomes, porém, "unicidade e diversidade são faces diferentes do processo educativo que, de fato, é um só, embora se realize no decorrer da existência individual em instituições diversas, com propósitos bastante diversos" (Gomes, 1993, p. 87).

Nesse processo, muitas vezes "a criança é tratada como se nascesse na escola (...) (não havendo) o estabelecimento de relações entre a sua aprendizagem anterior, no ambiente doméstico, e a atual, na escola; aliás, nem mesmo com as atuais aprendizagens em seu ambiente doméstico" (Gomes, 1993, p. 90).

Isso leva a dizer que nem sempre os conhecimentos valorizados pelo grupo familiar são os mesmos valorizados e reconhecidos pela escola e vice-versa. Logo, os valores, as normas e as crenças incutidas na criança podem diferir nas instituições educativas. O mesmo equivale para atitudes e comportamentos que também podem ser vistos e analisados de diferentes formas.

O que para a escola pode representar um problema ou um momento de conflito, no interior do grupo familiar pode representar, apenas, parte do modo habitual da vida do grupo. Problemas não encontrados pela criança no grupo familiar poderão ser encontrados no cotidiano escolar. Consequentemente, a ausência de relação entre a família e a escola impossibilita, a ambas as partes, a realização de um processo de socialização que propicie um desenvolvimento sadio. Coloca em jogo não só o mundo a ser interiorizado pela criança, mas, principalmente, o seu lugar nesse mundo, o lugar de seu grupo social e, sobretudo, a sua própria existência.

Gomes afirma que: "Ao final do processo de socialização a criança não só domina o mundo social circundante, como já incorporou os papéis sociais básicos – seus e de outros, presentes e futuros – mas, acima de tudo, já adquiriu as características fundamentais de sua personalidade e identidade" (Gomes, 1990, p. 60).

Borges Pereira (1987, p. 41) complementa:

> A constituição da identidade do ser humano como expressão de grupos e categorias sociais está indissoluvelmente ligada ao processo de socialização *tout-court*. Daí pode-se afirmar que uma das funções da socialização é a da construção da pessoa humana dentro dos parâmetros de seu *locus* espacial, temporal e sociocultural, ou, numa linguagem mais filosófica, dentro de ideais ou modelo de pessoa definido pela sociedade.

Nesses termos, a identidade é um dos resultados mais importantes do processo de constituição social do sujeito. E, para Erikson (1976), identidade refere-se a um contínuo sentimento de individualidade que se estabelece valendo-se de dados biológicos e sociais. O indivíduo se identifica reconhecendo seu próprio corpo, situado em um meio que o reconhece como ser humano e social. Assim, a identidade resulta da percepção que temos de nós mesmos, advinda da percepção que temos de como os outros nos veem.

Desse modo, a identidade é concebida como um processo dinâmico que possibilita a construção gradativa da personalidade no decorrer da existência do indivíduo.[3]

Pais, adultos e os pares serão fontes de definição do "verdadeiro" ou "real" da identidade do indivíduo. Esses irão lhe mostrar "aquilo que é permitido, proibido ou prescrito sentir ou exprimir, a fim de que sejam garantidos, simultaneamente, seu direito à existência, enquanto ser psíquico autônomo, e o da existência do seu grupo, enquanto comunidade histórico social" (Costa, 1993, p. 3).[4]

Numa sociedade como a nossa, na qual predomina uma visão negativamente preconceituosa, historicamente construída, a respeito do negro e, em contrapartida, a identificação positiva do branco, a identidade estruturada durante o processo de socialização terá por base a precariedade de modelos satisfatórios e a abundância de estereótipos negativos sobre negros.

Isso leva a supor que uma imagem desvalorativa/inferiorizante de negros, bem como a valorativa de indivíduos brancos, possa ser interiorizada, no decorrer da formação dos indivíduos, por intermédio dos processos socializadores. Diante disso, cada indivíduo socializado em nossa cultura poderá internalizar representações preconceituosas a respeito desse grupo sem se dar conta disso, ou até mesmo se dando conta por acreditar ser o mais correto.

Essa consequência pode ser encontrada quer entre os membros familiares quer entre os profissionais que atuam na escola. Sem dúvida, os valores, as atitudes e as crenças relacionadas à etnia podem permear o *curriculum* e a organização da escola, assim como a prática profissional (Street-Porter, 1978).

Então, o que significa ser uma criança negra ou branca na relação social que se realiza na escola? E, nela, o que a criança pode aprender sobre si própria e sobre os outros a sua volta?

Não seria demasiado supor que a ausência desse tema no planejamento escolar impede a promoção de boas relações étnicas. O silêncio que envolve essa temática nas diversas instituições sociais favorece que se entenda a diferença como desigualdade e os negros como sinônimos de desigual e inferior.

> Nós aceitamos que muito cedo na vida as crianças comecem a perceber diferenças nos objetos e pessoas à sua volta, e que isto evoca de alguma forma o processo de categorização, resultando, então, que na sociedade multirracial crianças vão perceber diferenças na cor de sua pele, forma do cabelo e vestido e coisas assim, e que estes também podem se tornar base para o processo de classificação. Entretanto, é a sociedade que determina quanta atenção deve ser dada para essas variações, e dá à criança a noção da identidade étnica que é limitada pela consistência das atitudes físicas e do comportamento; é a sociedade que ensina como aquela identidade deve ser valorizada. Isto quer dizer, crianças aprendem suas identidades fazendo discriminações e distinguindo elas próprias dos outros no contexto social no qual aquele modelo da categorização funciona e é validado completamente (Davey, 1975).[5]

A despreocupação com a questão da convivência multiétnica, quer na família, quer na escola, pode colaborar para a formação de indivíduos preconceituosos e discriminadores. A ausência de questionamento pode levar inúmeras crianças e adolescentes a cristalizarem aprendizagem baseadas, muitas vezes, no comportamento acrítico dos adultos a sua volta.

A educação é entendida como um processo social no qual os cidadãos têm acesso aos conhecimentos produzidos e deles se, apropriam de forma a se prepararem para o exercício de sua cidadania. Representa um ato político que pode levar à construção de um indivíduo participante, como à construção de indivíduos conformados à realidade apresentada (Gutierrez, Gadotti, Brandão).

Se a educação é um processo social, qual seria a relação entre a aprendizagem de preconceitos, atitudes discriminatórias e a produção escolar de cidadãos? Qual tipo de cidadão está sendo formado nas escolas?

Diante das ideias expostas, torna-se necessário conhecer a qualidade do processo de socialização vivenciado pelas crianças em seu grupo familiar e nas escolas por elas frequentadas. Só assim seria possível responder, ainda, a outras indagações: Em que medida a socialização, promovida atualmente nas escolas, contribui para a construção de uma sociedade que seja, de fato, uma "democracia racial", livre de desigualdades tão gritantes entre negros e brancos? Qual é a sua contribuição para a construção de uma sociedade de cidadãos menos racistas?

A tentativa de responder a estas questões deve, porém, ser precedida de revisão sucinta sobre o racismo, o preconceito e a discriminação, bem como de algumas palavras sobre as relações étnicas no Brasil.

Um ponto de interrogação na sociedade brasileira: racismo, preconceito e discriminação

Embora seja uma tarefa bastante complexa, mas imprescindível para se compreender a análise pretendida neste trabalho, considero importante diferenciar os conceitos de racismo, preconceito e discriminação étnicos e apresentar o modo como esses conceitos se relacionam.

A construção do racismo atual deriva, em certa medida, das teorias evolucionistas do século XIX, que acabaram por influenciar várias áreas do conhecimento, entre elas a Biologia e as Ciências Sociais. A ideia de igualdade entre os homens defrontava-se com a afirmação da existência de uma hierarquia racial entre os homens, o chamado racismo científico.[6]

De acordo com Carlos Hasenbalg (1982), os conceitos do denominado racismo científico, de geração em geração, acabaram por se tornar comuns na sociedade contemporânea, justificando e mantendo as práticas racistas, espalhando o preconceito e promovendo a discriminação, o que prejudica essencialmente o grupo negro.

A raça como atributo social é historicamente elaborada, continua a funcionar como um dos critérios mais importantes na distribuição de hierarquia social. Em outras palavras, a raça se relaciona fundamentalmente como um dos aspectos de reprodução das classes sociais, isto é, a distribuição dos indivíduos nas posições da estrutura de classes, as dimensões distributivas na estratificação social (Hasenbalg, 1982, p. 90).

Já o racismo é uma prática que reproduz na consciência social coletiva um amplo conjunto de falsos valores e de falsas verdades e torna os resultados da própria ação como comprovação dessas verdades falseadas (Cunha Jr., 1992).

Nesse sentido, o racismo apresenta-se como uma ideologia que permite o domínio sobre um grupo, por exemplo, judeu, negro ou muçulmano, pautado apenas em atributos negativos imputados a cada um deles. Assim, o racismo atribui a inferioridade a uma raça e está baseado em relações de poder, legitimadas pela cultura dominante (Kabengele Munanga, 1996).[7]

O racismo no Brasil pode ser identificado quando se realiza uma leitura comparativa, quantitativa e qualitativa, das desigualdades sociais e das suas consequências na vida das populações negra e branca.

Para Thomas Pettigrew (1982), há uma diferenciação entre racismo individual e racismo institucional. O primeiro inclui atitudes preconceituosas e comportamentos discriminatórios. Contrastando com essa ideia, porém, o racismo institucional engendra um conjunto de arranjos institucionais que restringem a participação de um determinado grupo racial (no nosso caso, o grupo de negros). Esse tipo de racismo está ligado à estrutura da sociedade e não aos seus indivíduos.

Temos, não obstante, o preconceito como um subproduto do racismo. Para Leon Crochik (1995), é uma atitude de hostilidade nas relações interpessoais. Como o desenvolvimento da cultura, o processo de se tornar indivíduo se tem dado em função da adaptação à luta pela sobrevivência. Essa socialização, que pode tornar um indivíduo preconceituoso, pode fazê-lo ter preconceito em relação a diversos objetos.

> Não se pode por isso se estabelecer um conceito unitário de preconceito, pois ele tem aspectos constantes, que dizem respeito a uma conduta rígida frente a diversos objetos e aspectos variáveis que remetem às necessidades específicas do preconceituoso, que são representadas nos conteúdos distintos atribuídos aos objetos. Na relação entre a identificação de características do preconceituoso e a diversidade de conteúdos que percebe em suas vítimas, se apresenta na base a relação entre indivíduo e sociedade, isto porque a fixidez de um mesmo tipo de comportamento se relaciona com estereótipos oriundos da cultura. Esta relação não é direta, pois o indivíduo se apropria e modifica estereótipos de acordo com as suas necessidades; contudo, as ideias sobre o objeto do preconceito não surgem do nada, mas da própria cultura (Crochik, 1995, p. 16).

Podemos entender o preconceito como um julgamento negativo, na maior parte das vezes, e prévio em relação às pessoas ocupantes de qualquer outro papel social significativo. Ele é mantido apesar de os fatos o contradizerem, pois não se apoia em uma experiência concreta. Ele sinaliza suspeita, intolerância, ódio irracional ou aversão a indivíduos pertencentes a uma mesma raça, religião ou a "outras raças, credos, religiões etc".[8]

Preconceito, deste modo, envolve aspectos emocionais e cognitivos. É "um modo efetivo e categórico de funcionamento mental que inclui pré-julgamento rígido e julgamento errado dos grupos humanos" (Pettigrew, 1973).[9]

O preconceito racial no Brasil envolve atitudes e comportamentos negativos e, em algumas situações, atitudes supostamente positivas contra negros, apoiadas em conceitos ou opiniões não fundamentadas no conhecimento, e sim na sua ausência. O que não permite ao indivíduo negro ser reconhecido pelo que é, mas sim falsamente reconhecido. A essência do preconceito racial "reside na negação total ou parcial da humanidade do negro e outros não brancos, constitui a justificativa para exercitar o domínio sobre os povos de cor" (Hasenbalg, 1981, p. 1).

Esse preconceito está presente na sociedade brasileira, no cotidiano dos indivíduos, e é altamente prejudicial para a população negra, tanto nas relações sociais (família, escola, bairro, trabalho etc.) quanto nos meios de comunicação.[10]

Os estereótipos característicos de nossa própria cultura são fios condutores para a propagação do preconceito. Podemos dizer que eles têm a função de simplificar problemas. Eles evitam a necessidade de se pensar sobre os efeitos das condições sociais, que contribuem para o desajustamento e exclusão de alguns. Os estereótipos impedem a reflexão sobre o mundo real. Seus conteúdos são mecanismos sociais que visam manter o *status quo* de um determinado segmento social (Crochik, 1995).

Pettigrew vê os estereótipos como imagens prontas disponíveis sobre os grupos sociais, imagens que podem ser recuperadas pela simples menção de se pertencer a um determinado grupo (Pettigrew, 1982).

Os estereótipos, por sua vez, dão origem ao estigma que, imputado ao indivíduo negro, dificulta sua aceitação no cotidiano da vida social, impondo-lhe a característica de desacreditado. Essa "marca" na relação social faz recair sobre o negro um olhar preconcebido, impedindo ao observador perceber a totalidade de seus atributos (Goffman, 1963).

O estigma de negros está, para Erving Goffman, inserido na categoria de estigmas tribais de raça, religião e nação, que podem ser transmitidos por meio da linhagem e também podem contaminar todos os membros de uma família. Pode-se entender que:

> (...) um indivíduo que poderia ter sido facilmente recebido na relação social cotidiana possui um traço que pode se impor à atenção e afastar aquele que se encontra, destruindo a possibilidade de atenção para outros atributos seus (Goffman, 1963, p. 14).

Por conta do estigma, a sociedade (por meio de seus indivíduos) trata o estigmatizado de diversas formas discriminatórias, que reduzem significativamente suas chances de vida.

> Construímos uma teoria do estigma, uma ideologia para explicar a sua inferioridade e dar conta do perigo que ele representa, racionalizando algumas vezes uma animosidade baseada em outras diferenças, tais como as de classe social (Goffman, 1963, p. 15).

Goffman destaca duas fases importantes no processo de socialização de uma pessoa estigmatizada: em primeiro lugar, ela aprende e incorpora o ponto de vista dos "normais", assumindo também as crenças da sociedade em relação à identidade. Inicialmente, adquire também uma ideia do significado de possuir um estigma.

Um possível modelo para a tomada de consciência do estigma está ligado à

> (...) capacidade da família e, em menor grau, da vizinhança local em se construir uma cápsula protetora para seu jovem membro. Dentro dessa cápsula, uma criança estigmatizada desde o seu nascimento pode ser cuidadosamente protegida pelo controle de informação. Nesse círculo encantado, impedem que entrem definições que o diminuam, enquanto se dá amplo acesso a outras concepções da sociedade mais ampla, concepções que levam a criança encapsulada a se considerar um ser humano inteiramente qualificado que possui uma identidade normal... (Goffman, 1963, p. 42).

Assim, o reconhecimento do estigma fica mais ligado ao distanciamento do grupo familiar. Porém, devemos entender que no próprio grupo familiar se cria um terreno para o estigma se instalar com eficácia, visto que a própria família já está marcada por ele. Então, no início do período escolar, a criança estigmatizada, desprotegida pelo filtro familiar, ao travar contato com outras crianças, provavelmente será levada a conhecer e aprender o seu estigma, como por meio de xingamentos e ofensas atribuídas ao seu pertencimento étnico.

Para Irene Barbosa (1987) esse momento

> (...) é crítico, na medida em que é o centro de toda questão da identidade racial. É o momento em que a criança (ou jovem) toma consciência não de suas diferenças raciais, pois disso sempre estiveram cientes, mas do significado dessas diferenças e da importância que elas têm para as suas futuras relações sociais, uma vez que representam a fonte do preconceito que aparecerá nos momentos em que foram confrontados com os brancos, e que, agora, passam para um nível consciente (Barbosa, 1987, p. 54).

O preconceito representa um requisito importante para a manutenção da discriminação étnica, visto que um indivíduo preconceituoso não aceita, positivamente, o contato com negros na vida social, o que para estes pode acarretar prejuízos econômicos, além dos prejuízos psicológicos decorrentes das experiências traumáticas vividas.

Entende-se que a discriminação étnica se evidencia quando, em condições sociais dadas, de suposta igualdade entre brancos e negros, se identifica um favorecimento para um determinado grupo nos aspectos social, educacional e profissional. Fato que expressa um processo institucional de exclusão social do grupo, desconsiderando suas habilidades e conhecimentos.

E, juntos, "discriminação e racismo institucional não apenas limitam as oportunidades dos grupos externos, mas são também poderosos e eternos suportes diretos do preconceito e discriminação individuais" (Pettigrew, 1982, p. 5).

A discriminação racial[11] opera, na nossa sociedade, como um processo que acarreta inúmeras desvantagens para o grupo negro e para toda a sociedade brasileira, direta ou indiretamente.

Compreende-se que o reconhecimento positivo das diferenças étnicas deve ser proporcionado desde os primeiros anos de vida. Para tornar a pré-escola um espaço positivo ao entendimento das diferenças étnicas, é necessário observarmos o processo de socialização atualmente desenvolvido no espaço escolar, que, conforme demonstrado por diversos estudos e pesquisas, parece ignorar essa questão. Contudo, a educação infantil não pode esquivar-se do dever de preparar o indivíduo para a existência das diferenças étnicas, já que ela, inevitavelmente, permeará a sua relação com os demais cidadãos.

RELAÇÕES ÉTNICAS NO BRASIL

Estamos num país onde certas coisas graves e importantes se praticam sem discurso, em silêncio, para não chamar a atenção e não desencadear um processo de conscientização, ao contrário do que aconteceu nos países de racismo aberto. O silêncio, o implícito, a sutileza, o velado, o paternalismo são alguns aspectos dessa ideologia.

Kabengele Munanga

Uma breve história sobre o negro na sociedade brasileira

Atualmente, os negros[1] representam 44,2% da população brasileira. Este índice torna o Brasil o país não africano com a maior população negra do mundo e o segundo maior se considerarmos todo o globo terrestre, perdendo somente para a Nigéria (Ribeiro, 1996). No entanto, a maior parte desses indivíduos permanece ocupando a base da pirâmide social, sobrevivendo nas condições mais adversas, com poucas chances de realizar seus projetos de ascensão social, escolarização, moradia, trabalho etc.

Os relatórios feitos por organismos internacionais deixam a nu dois brasis: um moderno, rico e desenvolvido e outro, pobre e anacrônico. O que chama a atenção, nesses dois países contidos em um só, são os estoques raciais alojados em cada um deles. No primeiro Brasil, país que mais cresceu, neste século, tem-se um povo marcadamente branco e amarelo. No segundo Brasil, a esmagadora maioria é preta e parda (Santos, 1996, p. 14).[2]

Essa realidade vivida diariamente por negros não constitui uma história recente. A libertação dos escravos, no Brasil, em 13 de maio de 1888[3], tornou os africanos e afro-brasileiros iguais ao homem branco, perante a lei. Esse era apenas o início de uma "nova" sociedade.

> (...) o Brasil teve de lidar depois da abolição com o "problema" posto pelos ex-escravos e descendentes de africanos. A solução adotada pela nação para este "problema" fornece a chave para o entendimento das relações raciais no Brasil Republicano. Esta solução não implicou um sistema de segregação racial semelhante ao dos Estados Unidos, mas o branqueamento e a integração simbólica dos brasileiros não brancos através da ideia da democracia racial (Hasenbalg, 1990, p. 2).

Constata-se que a lei abolicionista não possibilitou a cidadania para a massa de ex-escravos e de seus descendentes. A partir da promulgação da lei, os ex-escravos e seus descendentes foram segregados social e economicamente. Despossuídos, com necessidades materiais imediatas para a sua sobrevivência e a de seus familiares, eles passavam

> (...) a disputar a sua sobrevivência social, cultural e mesmo biológica em uma sociedade secularmente racista, na qual técnicas de seleção profissional, cultural, política e étnica são feitas para que ele permaneça imobilizado nas camadas mais oprimidas, exploradas e subalternizadas (Moura, 1994, p. 160).

A atual posição de inferioridade socioeconômica do negro não deve ser relacionada unicamente à sua condição no momento da abolição da escravidão. A afirmativa de que as desigualdades raciais contemporâneas estão só residualmente ligadas ao legado da escravidão deve-se à contínua operação de princípios racistas de seleção social (Moura, 1994).

A ideologia da "democracia racial" aparece como um elemento complicador da situação do negro. Essa ideologia, embora se tenha fundamentado nos primórdios da colonização[4] e tenha servido para proporcionar a toda a sociedade brasileira o orgulho de ser vista no mundo inteiro como sociedade pacífica, persiste fortemente na atualidade, mantendo os conflitos étnicos fora do palco das discussões. Embora ainda exerça muita influência na sociedade, pouco contribui para melhorar concretamente a situação dos negros. Representa uma falácia que serve para encobrir as práticas racistas existentes no território nacional e isentar o grupo branco de uma reflexão sobre si mesmo.

Clóvis Moura (1994), ao questionar a existência dessa ideologia, afirma:

> O racismo brasileiro (...) na sua estratégia e nas suas táticas age sem demonstrar a sua rigidez, não aparece à luz, é ambíguo, meloso, pegajoso mas altamente eficiente nos seus objetivos. (...) não podemos ter democracia racial em um país onde não se tem plena e completa democracia social, política, econômica, social e cultural. Um país que tem na sua estrutura social vestígios do sistema escravista, com concentração fundiária e de rendas maiores do mundo (...), um país no qual a concentração de rendas exclui total ou parcialmente 80% da sua população da possibilidade de usufruir um padrão de vida decente; que tem trinta milhões de menores abandonados, carentes ou criminalizados não pode ser uma democracia racial (Moura, 1994, p. 160).

Para Abdias do Nascimento.(1983), a democracia racial constitui um instrumento da hegemonia branca brasileira que mascara um processo genocida, constituindo

> (...) uma fachada despistadora que oculta e disfarça a realidade de um racismo tão violento e destrutivo quanto aquele dos Estados Unidos ou da África do Sul. (...) Não se resolvem problemas utilizando-se o método do avestruz: o método de ignorar a realidade concreta metendo a cabeça na areia (Nascimento, 1983, p. 28).

Essa ideologia, apropriada pelos cidadãos, produz um certo "alívio", eximindo-os de suas responsabilidades pelos problemas sociais vividos pelos negros. Tragicamente, estes são, em diversas situações, culpabilizados por se encontrarem em situação precária, pois, supostamente, lhes faltam vontade e esforço próprios para alterar sua condição de vida. Essa forma de pensar sobre os indivíduos negros também é utilizada para justificar a exploração econômica a que estão submetidos, acarretando-lhes outras perdas nos campos social e econômico: condições precárias de moradia, acesso restrito aos serviços de saúde e educação e alto índice de desemprego.

Outra face perversa dessa ideologia configura-se na sua apropriação pelos próprios indivíduos negros que, em situação social, apreendem a visão que a sociedade construiu sobre eles, levando-os a reproduzir preconceitos e atitudes discriminatórias dirigidas ao seu próprio grupo étnico, o que, também, tendencialmente, lhes causa a própria autonegação (Hasenbalg, 1990, p. 2).[5]

O racismo no Brasil foi denominado "racismo cordial".[6] Mesmo sendo, a meu ver, tal denominação imprópria, ela marca a falência da democracia racial. Esse racismo, erroneamente denominado cordial, acarreta grandes prejuízos para aqueles que lutam diariamente contra um inimigo "invisível", que não aparece em hora, situação ou lugar predeterminados. Sua ação, porém, é cruel para aqueles que, sob uma pele negra, buscam a sobrevivência física e emocional próprias e de seus familiares. Em consequência desse racismo, o negro tem sido impedido de construir uma cidadania plena, encontrando-se desprotegido diante de situações de violência.[7]

Nascimento aponta que um estado de terror vigora desde 1890, no qual

> (...) o negro vem sendo o preso político mais ignorado desse país. Por ser negro, por praticar suas tradições de origem – isto é, por razões políticas –, até hoje ele é vítima predileta da violência policial. O negro é o primeiro a ser preso, escolhido a dedo em "batidas" e buscas em geral violentas. Tal arbitrariedade confirma o dito popular: "branco correndo é atleta; preto correndo é ladrão" (Nascimento, 1983, p. 18).

São várias as manifestações em que se pode comprovar a existência de discriminação étnica em relação aos negros, considerando que a realidade brasileira apresenta um corte incisivo entre brancos e negros: brancos, na sua maioria, recebem maiores salários e, no caminho contrário, negros, em sua maioria, encontram-se na base da estrutura social, sem vislumbrarem possibilidades de melhoria em sua condição de existência e com mobilidade decrescente. Fatores como esses são encobertos por um "véu alegórico" que falseia a realidade e dificulta aos brasileiros enxergarem o problema existente, bem como sua contribuição e seu favorecimento para a manutenção desse quadro.

O aprofundamento das desigualdades econômicas e, consequentemente, sociais dos negros em relação aos brancos contribuiu para abalar o consenso sobre o caráter democrático das relações étnicas e sobre a inexistência de racismo em nossa sociedade. Ampliou-se, então, a discussão dessa questão em solo brasileiro a partir da década de 1950[8], quando um trabalho financiado pela Unesco resultou em uma ampla literatura denominada "Escola Paulista", principalmente representada pelas obras de Florestan Fernandes, Octávio Ianni, Fernando Henrique Cardoso e Oracy Nogueira, entre outros pesquisadores da área de ciências sociais. Essas pesquisas contêm dados que evidenciam profunda desigualdade socioeconômica nas condições de vida de brancos e negros, o que fragiliza a veracidade da "democracia racial" brasileira. Os dados coletados contribuíram de maneira fundamental para o avanço de discussões em outras áreas: biologia, comunicações, direito, educação, história, música e psicologia. (Ribeiro *et alii*, 1997).

Após a década de 1970, a discussão ganhou força na área trabalhista com Hasenbalg (1979) e Chaia (1987) e, na área de educação, com os trabalhos de Rosemberg (1984), Gonçalves (1987), Oliveira (1992) e Silva (995), entre tantos outros.

Carlos Hasenbalg (1979) aponta que a grande maioria dos negros brasileiros está exposta a um mecanismo de dominação de classe. Além disso, sofre desqualificação peculiar e desvantagens competitivas provenientes de sua condição étnica. Assim, ele acentua que o racismo e a discriminação posteriores à abolição representam as principais causas da subordinação social dos negros e da sua permanência nas posições sociais mais baixas.

Miguel Chaia, ao analisar o retardamento no processo de cidadania do negro, aponta a existência de "uma defasagem bastante grande entre as duas parcelas da população, onde o rendimento médio/hora para os brancos é duas vezes superior ao rendimento dos negros" (Chaia, 1987, p. 18). Este estudo aponta a ocorrência de mecanismos sutis de ingresso e manutenção de um elevado número de profissionais brancos no mercado de trabalho em relação aos profissionais negros, mesmo para aqueles com um nível de instrução equivalente ao dos brancos.

O racismo no Brasil, atualmente, toma proporções tão alarmantes que até o ex-presidente da República, Fernando Henrique Cardoso, admitiu, publicamente, a existência de práticas racistas em nossa sociedade, enfatizando os prejuízos acarretados à população negra brasileira.[9] A temática étnica tem sido assunto frequente no noticiário televisivo e jornalístico.[10] Os meios de comunicação têm marcado presença nessa discussão, embora poucas vezes, em seus noticiários, apresentem uma matéria que possibilite informação adequada, condizente com a realidade, e, até mesmo, questionadora dessa realidade.

Nesse cenário, assume importância primordial retomar a análise, embora breve, da educação oferecida à população negra pelo sistema escolar brasileiro nas últimas décadas.

O negro e a educação

No que diz respeito à educação, o quadro também se mostra desvantajoso para o segmento negro da população. De acordo com diversos estudos nas escolas brasileiras, o racismo aflora de inúmeras formas, ocultas ou não. Conseguir lançar alguma luz sobre os conflitos étnicos no âmbito da educação escolar representa o interesse central de muitos pesquisadores que estudam essa questão.

A partir de dados extraídos das PNAD (Pesquisas Nacionais por Amostra de Domicílio – 1982 – IBGE), Fulvia Rosemberg (1987) constatou que, no Brasil, o alunado negro, em comparação ao alunado branco, apresenta um índice maior de exclusão e reprovação escolar. O índice de reprovação na primeira série do primeiro grau, por exemplo, é 12% maior entre as crianças negras.

Na escola pública de primeiro grau é possível verificar a existência de um ritual pedagógico que, para Luiz Alberto Gonçalves, vem reproduzindo a exclusão e, consequentemente, a marginalização escolar de crianças e de jovens negros. Para ele, o "ritual pedagógico do silêncio" exclui dos currículos escolares a história de luta dos negros na sociedade brasileira e "impõe às crianças negras um ideal de ego branco" (Gonçalves, 1987, p. 28).

O silêncio dos professores perante as situações de discriminação impostas pelos próprios livros escolares acaba por vitimar os estudantes negros. Esse ritual pedagógico, que ignora as relações étnicas estabelecidas no espaço escolar, pode estar comprometendo o desempenho e o desenvolvimento da personalidade de crianças e de adolescentes negros, bem como estar contribuindo para a formação de crianças e de adolescentes brancos com um sentimento de superioridade.

Rachel de Oliveira (1992), ao relatar as intervenções na educação realizadas pelo Movimento Negro no Brasil, na década de 1980, chama a atenção para o sofrimento das crianças negras ao evidenciarem o sentimento de exclusão, peculiar à grande maioria delas. Como demonstra o depoimento de uma criança: "Às vezes me sinto uma intrusa com certas reações de amigos e amigas" (p. 109). Para Oliveira, na fala desta criança negra identificam-se três pontos: a afirmação da existência da discriminação racial, a afirmação da igualdade humana entre brancos, negros e mestiços e o apelo ao combate à discriminação, baseando-se na igualdade universal dos homens, que transcende à situação racial e social.

No estudo de Oliveira, as práticas de discriminação étnica, tão disseminadas entre os profissionais da educação, não foram detectadas pelas crianças negras. Para a autora, essa não percepção se deve ao fato de ser mais fácil para as crianças negras perceberem a discriminação em situações concretas, nas quais a ação do racismo é imediata. A discriminação mais sofisticada, veiculada pelos livros didáticos, pelo currículo e pelos meios de comunicação, para a maioria das crianças pesquisadas, passou despercebida. Segundo Oliveira, isso não implica afirmar que ao longo dos anos esse tipo de discriminação não venha a causar uma assimilação de estereótipos negativos, o que ocorre também com a criança branca.

Penso que a não percepção do racismo por parte das crianças também está ligada à estratégia da democracia racial brasileira, que nega a existência do problema. A ausência do debate social condiciona uma visão limitada do preconceito por parte do grupo familiar, impedindo a criança de formar uma visão crítica sobre o problema. Tem-se a ideia de que não existe racismo, principalmente por parte dos professores, por isso não se fala dele. Por outro lado, há a vasta experiência dos professores em ocultar suas atitudes e seus comportamentos preconceituosos, visto que estes constituem uma prática condenável do ponto de vista da educação.

Para Oliveira, ficou ressaltado que a forma de o professor caracterizar a criança negra evidencia seu despreparo para lidar com situações de discriminação na sala de aula, pois em muitos momentos o professor julga a criança negra culpada pela discriminação sofrida:

Além de se sentir rejeitada, a criança negra tem, talvez, por sua própria natureza, lentidão na aprendizagem, lentidão na assimilação do ensino, e estes dois fatores contribuem para que ela não consiga acompanhar o seu grupo, desista e saia da escola ou permaneça nela por pouco tempo (depoimento de uma professora).[11]

Nos relatórios apresentados por essa autora fica expresso o desejo da criança e do adolescente negro de serem respeitados como seres humanos:

Nós negros queremos apenas um lugar tranquilo para vivermos, construirmos os nossos lares e sermos respeitados, um lugar onde nossos filhos possam estudar, brincar e trabalhar sem serem motivo de chacota dos colegas.[12]

Assim, de acordo com o depoimento acima, o racismo é um problema que está presente no cotidiano escolar, que fere e marca, profundamente, crianças e adolescentes negros. Mas, para percebê-lo, há a necessidade de um olhar crítico do próprio aluno.

Analisando livros didáticos[13], Regina Pahim Pinto (1987) constatou que personagens negros e mestiços são revestidos de atributos que reforçam imagens negativas e estigmatizantes. Praticamente, "todos os itens indicadores de uma posição de destaque na ilustração privilegiam os personagens brancos" (p. 88). Para a autora, esses livros contribuem para reforçar estereótipos sobre o grupo negro. Nos livros analisados, frequentemente, os personagens negros aparecem como escravos, humildes, empregados domésticos e pobres, entre outros. Desse modo, os personagens negros, em comparação com os demais, são os que apresentam o maior percentual de personagens negativos. A autora salienta que "o negro raramente vive as histórias em contexto familiar" (Pinto, 1987, p. 89).

Nesse sentido, Ana Célia da Silva (1995)[14] complementa:

O livro didático, de modo geral, omite o processo histórico e cultural, o cotidiano e as experiências dos segmentos subalternos da sociedade, como o índio, o negro, a mulher, entre os outros. Em relação ao segmento negro, sua quase total ausência nos livros e sua rara presença de forma estereotipada concorrem em grande parte para a fragmentação da sua identidade e autoestima. (...) Não é apenas o livro o transmissor de estereótipos. Contudo é ele que, pelo seu caráter de "verdadeiro", pela importância que lhe é atribuída, pela exigência social do seu uso, de forma constante e sistemática logra introjetar na mente das crianças, jovens e adultos, visões distorcidas e cristalizadas da realidade humana e social. A identificação da criança com as mensagens dos textos concorre para a dissociação da sua identidade individual e social (Silva, 1995, pp.47-8).

Os estudos apresentados evidenciam o fato de o sistema formal de educação ser desprovido de elementos propícios à identificação positiva de alunos negros com o sistema escolar. Esses estudos demonstram a necessidade de uma ação pedagógica de combate ao racismo e aos seus desdobramentos, tais como preconceito e discriminação étnicos. Eles podem estar ocorrendo no cotidiano escolar, provocando distorções de conteúdo curricular e veiculando estereótipos étnicos e de gênero, entre outros, por intermédio dos meios de comunicação e dos livros didáticos e paradidáticos.

A pesquisadora Vera Figueira (1991) lembra:

(...) o jovem é influenciado por uma série de meios de socialização diferentes da escola. Assim, a família pode (e possivelmente o faz) embutir comportamentos preconceituosos e discriminadores. O mesmo se afirma, por exemplo, a respeito dos meios de comunicação, em especial a televisão, que através da sua programação e de propagandas insistem em colocar o negro em posições socialmente inferiores ou o representa através de estereótipos como o do sambista, bom de bola etc. Contudo, a escola tem um papel extremamente importante na formação do jovem: sendo um veículo de socialização primária, goza de função ideológica privilegiada pela sua atuação sistemática, constante e obrigatória junto ao alunado (Figueira, 1991, p. 34).

Torna-se necessário perguntar: Em que medida a escola está preparada para lidar com a questão étnica? A escola está formando ou conformando os indivíduos a uma realidade já estabelecida, não possibilitando, assim, a alteração dessa realidade?

A investigação sobre racismo, preconceito e discriminação no contexto da educação infantil

Há um número bastante reduzido de pesquisas que analisam a questão étnica na educação infantil, no Brasil. Geralmente, as pesquisas tratam, preferencialmente, do ensino a partir do primeiro grau. Talvez isso se deva à dificuldades que se tem em obter informações com crianças muito pequenas. Mesmo assim, as pesquisas realizadas apontam para a existência da problemática étnica na educação infantil. Essas pesquisas, porém, sinalizam a existência de práticas discriminatórias na relação interpessoal entre adultos e adultos/crianças, mas não evidenciam a existência de discriminação entre as crianças.

Eliana Oliveira (1994), em pesquisa realizada com profissionais de creches e pré-escolas, aponta a existência de práticas raciais discriminatórias nas relações interpessoais – adulto/adulto e adulto/criança. Para a autora, é necessária uma discussão a respeito da temática étnica no campo da educação infantil, pois não há diretrizes a orientá-la. A pesquisa indica também uma estreita relação entre a precariedade elos equipamentos – materiais e humanos – e o uso significativo destes pela população negra:

> (...) a creche sofre uma desvalorização profunda no seu cotidiano, por conta dessa presença maciça de negros, na medida em que existe uma desvalorização social do negro. Então eu acho que as pessoas na creche, no seu cotidiano, não conseguem valorizar mais determinados trabalhos, por conta dessa desvalorização.[15]

Os profissionais entrevistados por Oliveira não detectaram, contudo, a presença ele preconceito e de discriminação nos relacionamentos interpessoais entre as crianças.

Eliete Aparecida Godoy (1996), que promoveu pesquisa com crianças de cinco a seis anos, com o objetivo de analisar como a criança dessa idade representa a questão das distintas etnias com os elementos do seu contexto social, aponta como não perceptível a ocorrência de discriminação entre essas crianças. Ao julgarem as situações apresentadas pela pesquisadora, porém, crianças negras e brancas demonstraram, em suas falas, a interferência de estereótipos e preconceitos em relação às personagens negras. Assim, a pesquisadora indica que nessa faixa etária as crianças, ao realizarem identificações ou descrições, se referem de modo bastante acentuado à cor da pele.

Nesse sentido, Godoy afirma que as crianças negras nessa faixa etária se sentem desconfortáveis quando da necessidade de verbalizar e/ou assumir sua condição étnica. Para a pesquisadora, as crianças demonstraram uma interiorização negativa das suas diferenças raciais, procurando assemelhar-se fisicamente ao branco.

Ana Lúcia Valente (1995), em contrapartida, salienta o despreparo do professor para lidar com situações de conflitos étnicos entre os elementos do cotidiano escolar. Durante a realização de uma atividade cujo objetivo era combater a existência de possíveis práticas preconceituosas e discriminatórias entre as crianças, Valente deparou com o despreparo da própria professora, que pergunta para a classe:

> Por que vocês acham que o negro tem essa cor? Uma criança branca responde: "Porque elas (as crianças negras) são feitas de porcaria!". Diante desta resposta, a professora se esforça em contornar a situação, explicando que o negro tem essa cor por ser originário da África, local cujo sol é muito quente.

Assim, Valente destaca uma possível responsabilidade por parte da escola ao se omitir ante o problema étnico e ao transmitir preconceitos.

Acredito, também, que a resposta dada pela criança indica o despontar de um pensamento preconceituoso.

A realização de pesquisas com o objetivo de compreender a dinâmica das relações multiétnicas no âmbito da educação infantil representa um recurso de avanço no combate ao racismo brasileiro, visto que estudos dessa natureza revelam como se dão as relações interpessoais, seus benefícios e seus prejuízos para os indivíduos que convivem na escola, bem como fornecem subsídios para a elaboração de novas práticas educacionais, quer seja na família, quer seja na escola.

O entendimento da problemática étnica no cotidiano da educação infantil é condição *sine qua non* para se pensar um projeto novo de educação que possibilite o desenvolvimento e a inserção social dos futuros cidadãos da nação brasileira, desenvolvendo neles um pensamento menos comprometido com a visão dicotômica de inferioridade/superioridade dos grupos étnicos. A possibilidade de as crianças receberem uma educação de fato igualitária, desde os primeiros anos escolares, representa um dever dos profissionais da escola, pois as crianças dessa faixa etária ainda são desprovidas de autonomia para aceitar ou negar o aprendizado proporcionado pelo professor. E tornam-se vítimas indefesas dos preconceitos e estereótipos transmitidos pelos mediadores sociais, dentre os quais o professor. Promover uma educação para o entendimento das diferenças étnicas, livre de preconceitos, representa uma possibilidade real da formação de sujeitos menos preconceituosos nas novas gerações. A prevenção de práticas discriminatórias, penso, requer um trabalho sistemático de reconhecimento precoce da diversidade étnica e dos possíveis problemas que o preconceito e a discriminação acarretam em solo brasileiro, desde a educação infantil – familiar e escolar. Tal prática pode agir preventivamente no sentido de evitar que pensamentos preconceituosos e práticas discriminatórias sejam interiorizados e cristalizados pelas crianças, num período em que elas se encontram muito sensíveis às influências externas, cujas marcas podem determinar sérias consequências para a vida adulta.

FAMÍLIA, ESCOLA – SOCIALIZAÇÃO E AS DIFERENÇAS ÉTNICAS

Lido com indivíduos que narram suas experiências, contam suas histórias de vida para um pesquisador próximo, às vezes, conhecido. As preocupações, os temas cruciais são, em geral, comuns a entrevistados e entrevistador. A conversa não é sobre crenças e costumes exóticos à socialização do pesquisador. Pelo contrário, boa parte dela faz referência a experiências históricas, no sentido mais amplo, e cotidianas também do meu mundo, e as minhas aflições e perplexidades.
Eu, o pesquisador, ao realizar entrevistas e recolher histórias de vida, estou aumentando diretamente o meu conhecimento sobre a minha sociedade e o meio social em que estou mais diretamente inserido, ou seja, claramente envolvido em um processo de autoconhecimento (...)

Gilberto Velho

O caminho seria menos árduo, fosse outro caminhante?

Dentro dos aspectos destacado pela pesquisa, julgo importante apontar o fato de ser eu uma pesquisadora negra. Se fosse eu branca, ou ainda, um pesquisador do sexo masculino, por certo teria um "olhar" diferente sobre esse tema.

Sem dúvida, o fato de ter sido criança negra e vivenciado situações muito semelhantes às que lá encontrei possibilitou-me identificar melhor os problemas.

Ser mãe de crianças negras, educadora e diretora de pré-escola, pesquisadora das temáticas educacionais e étnicas e ter estruturado a pesquisa dentro destes universos pode ter contribuído muito para captar as informações que constam neste trabalho. É como afirma Gilberto Velho, no texto que abre este capítulo.

O conhecimento das informações que constituem este trabalho só foi possível devido a minha inserção no cotidiano pré-escolar. Com vistas a este fato, compreendo ser importante apresentar as minhas considerações acerca do meu relacionamento com os profissionais, com as crianças e com seus familiares.

Logo que me apresentei à diretora, com a proposta de pesquisar o processo de socialização escolar, fui bem recebida e o meu pedido, prontamente atendido. Passei a estar semanalmente na escola. Assim, aos poucos, fui me tornando uma pessoa "mais familiar" àquele grupo.

Além das observações em sala de aula, as realizadas no parque propiciaram-me o contato com os alunos e com as profissionais da escola.

Aos poucos, fui deixando de ser assediada pelas crianças com suas inúmeras perguntas. De certo modo, posso afirmar que rapidamente elas se acostumaram com a minha presença.

Considerando este fato, causaram-me estranheza as diversas vezes em que fui abordada pelas professoras, com perguntas do tipo: "Qual é mesmo o seu nome?", "Sobre o que mesmo você pesquisa?", "Você é estagiária, não é?".

Em outras situações, não menos inesperadas, fui surpreendida com pedidos de auxílio do tipo: "Você não poderia fazer um cartaz para a Páscoa?", "Você pode me ajudar a servir o lanche?", "Sabe uma musiquinha para cantar para as crianças?".

Não sei até que ponto eu deveria esperar que esses pedidos fossem feitos. Nem se deveria considerá-los comuns. Mas é fato que eu me apresentei como pesquisadora, para realizar um trabalho de campo sobre o cotidiano escolar.

Eu me recusava a atendê-las e explicava o porquê da minha presença e, mesmo assim, os pedidos foram diversas vezes repetidos.

Diante desses acontecimentos, questiono novamente: se eu fosse uma pesquisadora branca ou um homem, receberia as mesmas solicitações?

Certa vez, enquanto eu analisava o conteúdo de uma pilha de livros de literatura infantil na sala das professoras, uma professora, que mimeografava atividades para os seus alunos, pediu: "Você não poderia me ajudar a rodar essas folhas? Tenho tanta coisa para fazer que acho que não vai dar nem tempo".

Devo confessar que esse pedido surpreendeu-me muito e eu lhe disse que não poderia ajudá-la, pois estava "desenvolvendo o meu próprio trabalho". Ela ainda prosseguiu, dizendo: "Pensei que você estivesse aqui para ajudar as professoras. De vez em quando, as mães são chamadas para ajudar".

Será que, de fato, eu havia sido confundida com alguma mãe, embora eu houvesse conversado muito com ela anteriormente?

Diante disso, questiono se a ocorrência desses convites não estaria ligada a uma desvalorização do trabalho de pesquisa e/ou da pesquisadora que lá estava. Assim, fico imaginando se outros já teriam recebido convites semelhantes.

Já em outras situações, muita ênfase foi dada a "minha beleza". Assim, fui tratada de "mulata linda", "crioula, crioula bonita" e, ainda, de "negrona maravilhosa". Posso até concordar com a ideia de ser uma mulher bonita e de que algumas pessoas costumam enquadrar-me no famoso estereótipo da "mulata Sargentelli", mas nada que devesse ser constantemente enfatizado.

No final da entrevista com uma professora negra, ela comentou: "Você é muito bonita. Não seria discriminada. Hoje o negro está mais bonito. Você passa por branca. Ninguém te discrimina".

Nessa escola, presenciei cenas que jamais pensei encontrar. Por diversas vezes, abateu-se sobre mim um sentimento forte de impotência. Confesso que foi, em muitas situações, difícil resistir ao desejo de interferir.

Assim, o prazer de estar realizando o trabalho de campo, em muitos momentos, foi substituído por sentimentos de raiva e desejo de interferir. Isso surgia com base na observação da violência exercida contra uma vítima que não domina os mecanismos de defesa.

Acredito que muitos dos acontecimentos que presenciei – atos grosseiros praticados por profissionais da educação – não ocorreriam com crianças ou jovens de mais idade.

No cotidiano escolar, pouca atenção é dada ao desenvolvimento social das crianças. Temas como amizade, fraternidade e respeito parecem ausentes nessa escola.

O pior é que essa ausência é entendida como positiva: "Essa escola é boa porque não se fica em cima das crianças como nas particulares. Aqui, ela aprende a se virar sozinha", comenta uma das professoras.

Essa interpretação errônea do construtivismo de Piaget resulta numa ausência de interação entre as professoras e as crianças. O que é, penso, uma atitude bastante cômoda, pois, da forma como se mostrou, devem deixá-las livres para aprender, diminuindo assim os seus esforços a favor dessa aprendizagem.

Durante minha estada, a relação com as crianças ocorreu de forma bastante harmoniosa. Fui considerada (e tratada como) uma pessoa amiga. Provavelmente porque, mesmo nos momentos em que elas transgrediam as regras da escola, eu nada falava. Resultado: fui muito beijada e paparicada por elas.

Mas devo dizer que as perguntas e os beijos contabilizados pertencem, na sua grande maioria, às crianças brancas. As negras, embora demonstrassem muito interesse por mim, procuraram-me em menor grau do que as outras.

No que se refere às entrevistas com os familiares, senti-me mais à vontade em abordar o assunto das diferenças étnicas com as famílias negras. Elas foram, também, mais espontâneas em suas falas: explicações dos conflitos, lembranças e comentários.

As famílias brancas explicitaram o que pensavam sobre o assunto e qual o comportamento familiar a esse respeito. Foi mais difícil, porém, a conversa fluir. As respostas foram mais curtas; a linha de pensamento interrompida com grande frequência; os desvios no raciocínio, mais violentos.

Foi nesse contexto que pude reunir as informações que aqui apresento.

Perfil das profissionais da pré-escola

Apesar de me valer de nomes fictícios, as informações constantes no quadro a seguir apresentam o perfil de cada uma das professoras entrevistadas e, penso, pode ser considerado bastante representativo do universo da pré-escola:

NOME	COR	FORMAÇÃO ESCOLAR	ATUAÇÃO PROFISSIONAL	TEMPO DE ATUAÇÃO E PRÉ-ESCOLA
Amália	Branca	Psicologia/ Pedagogia	Professora	14 anos
Ana	Branca	Pedagogia	Professora	28 anos
Bruna	Negra	Psicologia	Professora	14 anos
Clara	Branca	Pedagogia	Vice-diretora	19 anos
Dalva	Branca	Artes/ Pedagogia	Coordenadora pedagógica	18 anos
Idalina	Branca	Artes/ Pedagogia	Professora	14 anos
Ivonete	Negra	1º grau completo	Auxiliar de limpeza	7 anos
Magali	Branca	Pedagogia	Diretora	25 anos
Marli	Branca	2ª série primária	Auxiliar de limpeza	8 anos
Sônia	Branca	Pedagogia	Professora	22 anos
Teodora	Branca	Pedagogia	Professora	11 anos

Harmonia e serenidade: um aparente paraíso escolar

Sentadas ombro a ombro, as crianças se encontram na sala de aula. Um olhar sobre esse quadro transmite ao observador a sensação de uma relação harmoniosa entre adultos e crianças de todas as etnias.

Nesse contexto, a formação multiétnica traduz bem a sociedade brasileira: negros e brancos em situação de relação diária, usufruindo, aparentemente, das mesmas oportunidades. A escola representaria, assim, um espaço positivo e democrático que respeitaria as crianças, promovendo o seu desenvolvimento.

Muitas vezes as professoras encaram sua profissão de forma assistencial e maternal:

> É uma fase especial da criança, que tem que ser respeitada. Tem que puxá-la para uma realidade. Aquela realidade uterina, ainda da chupeta, da mãe que paparica, é uma fase difícil. Na verdade o professor é psicólogo, assistente social. Em alguns momentos, você é mãe. Entra com o sentimento de mãe. Quando você gosta mesmo, existe o amor, existe o respeito que você tem pelo ser humano, que é aquela criança, que está em desenvolvimento. (Teodora)

Ao justificar a importância da pré-escola, disse uma professora que é visível a diferença entre as crianças que a frequentaram e aquelas que não:

> Eu penso que a pré-escola é importante tanto quanto a criança na sua casa. É a continuidade. Eu acredito porque, inclusive, é uma maneira dela ficar mais esperta, mais entrosada, menos tímida. Eu observo as crianças que não a fizeram e vejo a diferença. Quem faz se destaca mais. Fica mais esperta do que aquela que entra pela primeira vez na escola. (Ana)

No decorrer do trabalho de campo, foi possível constatar, no espaço de circulação das crianças, a ausência de cartazes ou livros infantis que expressassem a existência de crianças não brancas na sociedade brasileira.

No dia a dia, em nenhum momento as professoras referiram-se à questão da convivência multiétnica dentro do espaço escolar, e menos ainda na sociedade. No entanto, assim como na vida social, constantemente, elas se baseavam na cor da pele de seus alunos para diferenciar uma criança da outra: "a moreninha", "a branquinha", "aquela de cor", "o japonesinho".

Isto não seria problemático se não vigorasse, no país, uma hierarquia étnica. De todo modo, cabe considerar que esses comentários, feitos na presença das crianças, são interiorizados por elas, sem o acompanhamento crítico dos adultos à sua volta.

Mesmo assim, as educadoras entrevistadas afirmam que o relacionamento entre as crianças é, na maioria das vezes, natural, alegre e espontâneo:

A criança se administra muito bem. Ela consegue superar os traumas, o medo, as discriminações – cor de pele, dentes, cabelos. E começa a apreciar, deixa de existir a parte plástica, e acaba esquecendo as diferenças. (Idalina)

Outra aponta a facilidade de relacionamento entre as crianças de idades diferentes:

Entre as crianças, eu não vejo dificuldade na socialização, no relacionamento entre os vários estágios. Como agora, os pequenininhos começam e dali a dois dias já estão completamente à vontade. (Dalva)

A fala da menina Aparecida, de seis anos, contradiz, porém, as das professoras e mostra-nos que, em idade pré-escolar, é possível perceber diferenças de tratamento e associá-las a origem étnica. Segundo afirma, as crianças só brincam com ela:

quando eu trago brinquedo. Porque eu sou preta. A gente estava brincando de mamãe. A Catarina branca falou: "Eu não vou ser tia dela (da própria criança que está narrando)". A Camila que é branca não tem nojo de mim.
— E as outras crianças têm nojo de você?
— Têm.

Nos momentos de conflitos, permanece a ideia de que eles são naturais e algumas professoras indicam o revide da agressão como o mais correto:

O relacionamento entre eles (os alunos) é ótimo, porque ao mesmo tempo que estão brincando estão, depois, se estapeando. É cinco minutos brincando, cinco brigando. De repente vem aquele: "Tia Marli, a Cinara está brigando comigo, a Cinara está me batendo". A gente vai falar o quê? Responder o que para eles? "Vá lá e devolva!" Cinco minutos depois passou tudo, acabou tudo e fica tudo bem. (Marli)

Com a observação, foi possível presenciar uma situação na qual um menino, ao reclamar para a professora que um outro havia pisado nos dedos de sua mão, obteve da professora ordem para se vingar. E mais, ela chamou os dois e mandou que o segundo colocasse as mãos no chão para que o outro pisasse.

O revide foi leve, provocando na professora o seguinte comentário: "Sua sorte é que ele ficou com pena de você".

Assim, muitas vezes as crianças são incentivadas pelas próprias professoras a revidarem as agressões sofridas na escola. Não são levadas a refletir sobre os momentos de agressividade, nem a ponderá-los.

O modo como essas educadoras concebem o cotidiano escolar e as relações interpessoais nele estabelecidas dificulta a percepção dos conflitos étnicos e, inclusive, a realização de um trabalho sistemático que propicie a convivência multiétnica, já que para elas esses problemas inexistem.

Afirmam que crianças nessa faixa etária "não percebem as diferenças étnicas" e, se isso ocorre, "não se importam com elas". Soma-se a isso a ideia de que tratar desse tema é algo desnecessário e enfadonho:

> Eu sempre falo da história do negro. Para não ficar cansativa a gente fala que as flores têm raça, que os animais têm raça. E aproveita para lidar com as datas comemorativas, por exemplo, Dia da Abolição. Ao invés de trabalhar, necessariamente, o negro, a lei Áurea, aquela coisa toda, a gente faz o Dia das Raças. Pode ser uma criança de cor, um loiro... A gente pode até pegar as raças de animais: uma cobra, um bicho diferente, um jacaré, um cachorro, raças de forma geral. Pode ser de aves: uma ave de um jeito, outra de outro. Então, a gente trabalha todas as formas. Porque só falar do negro, do branco fica muito cansativo. A raça pode ser também trabalhada nas plantas, uma planta diferente da outra, uma rosa (...). (Ana)

Há, ainda, professoras que não percebem a influência dos livros didáticos e paradidáticos na formação do autoconhecimento e da identidade da criança. Segundo aponta Teodora, "não é importante para a criança" ver-se representada nos livros infantis:

> Em todas as escolas tem (livros). Mas isso não adianta. Não é importante para a criança. Você pega um livrinho, mostra. Tem que ser uma coisa próxima. É muito mais fácil você falar: "olha que bonitinho, este cachorrinho é preto, é lindo. Este é marrom, é lindo. Este é branco, é lindo. Este é manchadinho, é lindo". Porque é uma coisa que ela está vendo e sentindo. Uma coisa distante não dá. Tem livros de histórias. Eu li, mas (as histórias) não mexem com ela, como algo que está vivo.

> As crianças não notam se um personagem é branco ou preto. Elas estão ligadas nelas mesmas, no colega que está aí. (Amália)

Assim, nesse ambiente diferenciado para negros e brancos, percebe-se que a harmonia sai de cena, cedendo espaço para acontecimentos que transformam a plena aceitação de todos por todos em momentos de tensão e conflitos.

As professoras admitem as dificuldades das crianças nas relações umas com as outras. Elas lembram que há aquelas com problemas em casa, o que interfere na escola, tornando-as, quase sempre, agressivas.

Para algumas entrevistadas, os alunos reproduzem na escola o modelo das relações predominantes em suas famílias:

> Eu acho que no começo eles são um pouco agressivos, porque querem dar uma de pai e mãe. Isso porque veem que, na casa deles, é o pai e a mãe que mandam, e acham que podem mandar no coleguinha. Os líderes querem dar uma de pai e mãe. E, se o colega não faz o que eles querem, eles já batem. (Ana)

Apesar de admitirem que percebem momentos de forte agressividade na relação entre as crianças, asseguram, com tranquilidade, que há uma intensa preocupação em desenvolver nos educandos o respeito mútuo. Assim, esse tema parece muito valorizado, recebendo atenção e tendo espaço garantido no cotidiano pré-escolar.

> Atualmente, esse trabalho é o objetivo maior da escola. A gente até pretende fazer um trabalho ligado à cidadania. Há todo esse processo de respeito, para que a criança, realmente, cresça com essas atitudes interiorizadas. De acordo com a lei de diretrizes e bases, elaboram-se projetos pedagógicos dentro da escola, diferenciados de tudo que a gente já fez. Mas o objetivo é o mesmo. Então, nós estamos sempre caminhando para a melhoria de qualidade nesse trabalho. (Dalva)

Para outras o autorrespeito é a base para relações harmoniosas: "O respeito dela consigo própria, dela com um colega, dela com a natureza. É ela integral." (Amália)

E, ainda, há quem reconheça a necessidade de integração e de respeito também entre as próprias professoras:

> Agora, tudo é muito difícil, porque tem que ter o respeito até entre as professoras, no horário do parque, por exemplo. Respeitar o horário, o cronograma, o direito da criança. Não é só aquele respeito, só na maneira de tratar, de se comportar, é o respeito também à integridade dela, ao que ela tem direito de receber. (Magali)

Assim, a pluralidade étnica da sociedade e, principalmente, do espaço escolar constitui um tema que parece não ter importância para o desenvolvimento do trabalho escolar. Não obstante, constata-se que o respeito às diferenças étnicas não é verbalizado de maneira elaborada pelas professoras. Também no planejamento escolar, essa questão não está colocada de maneira explícita:

> Eu acho que há preocupação com a questão étnica quando a situação se apresenta. Ninguém formaliza, ou pré-esquematiza uma coisa. Existe uma coisa que todo mundo tem, devido a sua experiência e mais organização de pensamento. Quando a gente está junto, tipo reuniões pedagógicas, todo mundo fala um pouco de sua vivência. As coisas vão se apresentando no dia a dia. (Idalina)

A preocupação com a socialização está presente e inerente no trabalho escolar, mas sem passar pelas questões étnicas:

> No trabalho da socialização da criança entra esse aspecto. A gente fala muito em respeitar o amigo, cada um tem a sua vez. Não é só na escola, isso ele vai levar para a vida inteira. "Esse muito obrigado que você dá aqui, que a professora está te ensinando, você tem que falar na rua, você tem que crescer assim. Só assim as pessoas vão aprender a gostar de você, a te respeitar". Esse trabalho tem que ser desenvolvido. (Teodora)

Elas atentam, sobretudo, quanto à ocorrência de agressão física entre as crianças:

> A gente tenta harmonizar a criançada sempre: "Não pode bater. Não pode beliscar o amigo". Quando uma vem muito agressiva eu faço isso. Como eu já tenho experiência, eu bato o olho e já sei quem está fora do normal. Então, eu tento equilibrar

isso com muita conversa, mostrando para a criança que não é batendo no amigo que se resolvem os problemas. Que não é com agressividade que resolve esse problema. (Teodora)

No que concerne ao preconceito racial, a maioria das professoras parece percebê-lo. Quando se questiona, porém, sobre os efeitos prejudiciais às vítimas, elas reconhecem a existência dele na sociedade, mas negam enfaticamente que esteja presente dentro da escola. "Deve ser uma barra muito grande que o negro segura, porque né... na sociedade sempre existe isso (racismo), mas na escola não." (Sônia)

Há quem, ao falar sobre o preconceito, volte rapidamente seu olhar para o negro, relativizando, desse modo, o problema:

O preconceito existe. E existe nos dois níveis. Eu acho que até existe aquele negro que tem muito orgulho da raça, também tem preconceito, como o branco tem. E mesmo a criança que é negra. Eu já tive casos que mesmo a criança que tem muito orgulho de ser negra chama: "aquela branqueia", com desprezo... Isso é preconceito também. Faz parte do ser humano. (Amália)

E até mesmo uma entrevistada negra revela ter internalizado a lógica da culpabilização do negro pelo preconceito:

Sabe o que eu acho? Que preto é mais racista que branco. Eles falam assim: "Os brancos são racistas!" Não são os brancos que são racistas, nós é que somos. Você pode ver, nos EUA, tem lugar que os brancos não podem passar porque os pretos não admitem. (Ivonete)

Para uma professora negra entrevistada, mesmo havendo racismo na sociedade brasileira, é melhor manter-se à parte:

Dizem que existe, mas eu não me ligo. Eu não sou ligada. Se você ficar prestando atenção, "porque ela é branca, ela teve chance..." Agora, o que você nota é, realmente, que tem menos negros em destaque. Não se vê um negro assim como o Pelé. Talvez devesse ter até mais. Mas as chances são menores mesmo. Todo mundo cita, e é verdade: se vão uma negra e uma branca fazer teste (para seleção de emprego), a branca passa; a negra, não. A negra não vai passar mesmo!

> Agora quanto à escola, perto de mim, deve até ter, mas fazer o quê? Eu procuro não ver. (Bruna)

Para essa professora, ignorar a existência do racismo é uma saída diante de um problema contra o qual sente não ter poder para lutar. Como ela mesma pergunta: "Fazer o quê?". Porém, eu questiono: até que ponto essa cegueira evita o contato direto com o problema? Até que ponto se podem dissimular as dores e as perdas decorrentes do racismo?

Difundido pelo senso comum, o racismo revela-se de forma primária e estereotipada. E, como justificativa para a sua existência, aparece a repulsa ao cheiro dos negros:

> O preconceito de raça, se você pensar bem, geralmente é em matéria de cheiro. Uma pessoa que é negra, a pele, a melanina faz com que o cheiro fique mais forte. Hoje em dia, esse preconceito de cheiro já melhorou muito com os produtos modernos das nossas indústrias – os desodorantes, as minâncoras da vida (pomadas). Estes tipos de antitranspirantes fazem com que não exista o cheiro. Não havendo o cheiro, não existe o porquê de o branco não conversar com o preto e vice-versa. Tem gente que melhorou e muito. (Ana)

Parecendo ignorar que está sendo entrevistada por uma pesquisadora negra, ela continua, sem constrangimento, o depoimento em que associa negritude à falta de higiene:

> Por que, o que é o preconceito? Preconceito é por causa da sujeira. O cheiro ruim gera sujeira. Mas melhorou. Uma pessoa pode abraçar sossegada que não vai pegar o cheiro da outra porque os desodorantes, os produtos estão muito bem feitos. A pessoa negra não tem mais tanto (cheiro). (Ana)

A professora entrevistada nos faz lembrar um trecho da música carnavalesca *O Teu Cabelo Não Nega*, de Lamartine Babo: "... mas como a cor não pega, mulata, mulata, eu quero teu amor". O autor aponta nesse trecho o fato de a cor não pegar (ou seria o cheiro, segundo a entrevistada) como uma garantia para o homem branco relacionar-se com a mulher negra.

Nessa aparente inocência de interpretação, ela própria resolve levantar uma dúvida no que, segundo ela, seria um fator a favor dos negros:

(...) Por que será que esse preconceito não está associado também ao mau hálito? Uma pessoa com mau hálito, uma cárie e tal... Porque a verdade é a seguinte: eu noto, os pretos têm uma vantagem, não sei se é por causa dessa mesma substância, os dentes dos pretos são mais fortes que os dos brancos. Se eles tratarem bem, escovarem direitinho é mais difícil (ter cárie). Tem muitos pretos sem dente porque comem doce e não escovam os dentes. Não existiu uma educação em cima disso. Mas o dente do preto é muito mais forte. É muito mais bonito um sorriso de negro que um sorriso de branco, é sem dúvida. Com certeza, sem mau hálito. Isso também retrai as pessoas. (Ana)

Essa explicação, fortemente marcada por estereótipos, mostra que, entre as diversas características pelas quais o negro é discriminado, o odor pode ser um fator preponderante. Assim, o cheiro do negro seria o grande causador do racismo.

A entrevistada destaca como desagradável e "natural" o odor do negro, associando-o à sujeira. O cheiro assume, nesse discurso, a totalidade do indivíduo. Essa é a característica do estereótipo que se torna uma verdade absoluta, inquestionável.

Para a entrevistada, o negro está diretamente associado a sujeira, mau cheiro, mau hálito, piolho. O que estaria diminuindo, apenas, em função dos "nossos produtos industriais, que amenizaram aquele cheiro".

Diante disso, pergunto-me em qual categoria estariam inseridas as crianças com as quais a professora se relaciona no seu dia a dia? Qual é o tipo de relação que ela estabelece com essas crianças? E diante disso, o que podem as crianças negras e brancas compreender sobre si próprias e sobre as outras?

Diante de depoimentos que refletem imagens estereotipadas, marcadas por preconceitos, as crianças são vistas, pelas suas professoras, como indivíduos distantes do preconceito étnico, pois, segundo elas, nas suas atitudes diárias não são percebidos indícios que denunciem a interiorização da discriminação: "A criança pequena da pré-escola não tem essa preocupação (com as diferenças étnicas) como têm os mais velhos. No primeiro grau isso já é mais latente" (Amália).

A dificuldade apresentada pelas professoras em compreender a escola como um espaço onde o problema étnico também está presente pode representar um reforço para a manutenção do preconceito.

Esse modo de conceber o cotidiano escolar impede uma busca de trabalhos e experiências que concorram para a superação desse problema. Assim, a escola é idealizada como uma ilha da fantasia, cujos integrantes passaram incólumes pelas agências socializadoras e não incorporaram, no percurso de seu desenvolvimento, qualquer atitude ou comportamento racista.

Se, por um lado, há um discurso que afirma a inexistência do preconceito na escola, por outro há um indicativo de que os pequenos alunos na fase pré-escolar percebem as diferenças étnicas. Segundo as próprias professoras, as crianças já podem reconhecer as diferenças a partir do momento em que ingressam na pré-escola, aos quatro anos.

Seus relatos apresentam, contraditoriamente, acontecimentos que apontam a existência do preconceito e da discriminação étnicas entre as crianças: "E eles mesmos já notam quando tem um escuro, um de cor, tem um mulato, o mais claro, o loiro" (Sônia).

Acima de tudo, os relatos expõem o modo depreciativo pelo qual as diferenças étnicas são reconhecidas: "Acontece muito de falar em sala de aula, no pátio. Não quer ir para a fila com a 'neguinha', com o 'neguinho', é comum" (Amália).

Segundo as professoras, é não só comum, mas constante, uma criança referir-se a outra por meio de rótulos, tais como: "negrinho feio", "negrinho nojento", "pretinha suja". Diante desses estereótipos, as crianças negras são recusadas para formarem par nas filas, nas brincadeiras, nas festas juninas.

No que diz respeito ao comportamento do professor em relação a esses conflitos, o dramático depoimento da menina Catarina (negra) é bastante elucidativo. Segundo ela, as crianças a xingam: "... de preta que não toma banho. Só porque eu sou preta eles falam que eu não tomo banho. Ficam me xingando de preta cor de carvão. Ela me xingou de preta fedida. Eu contei para a professora e ela não fez nada".

A fala da menina demonstra que a omissão de uma providência lhe deu o conhecimento de que, nessas situações, não poderá contar com auxílio. Daí decorre a aprendizagem do silêncio: não conte nada para a sua professora, porque ela nada faz.

Crianças negras e brancas interagindo e reagindo

A observação das crianças no parque também me permitiu presenciar situações concretas de preconceito e discriminação entre elas. Naquele local, elas têm a: liberdade de escolher seus parceiros e decidir quanto tempo permanecerão brincando com eles. Distantes da professora, elas podem dizer o que bem entendem.

Assim, nesse cenário, algumas falas explicitamente preconceituosas foram ouvidas nos momentos em que algo era disputado: poder, espaço físico ou companhia. Isso levou-me a pensar que a sua ocorrência é mais comum nos momentos em que se deseja vencer o outro que, até o momento, participava do grupo.

O preconceito e a discriminação aparecem como uma poderosa arma nos momentos de disputas, capazes de paralisar sua vítima. Descrevo, abaixo, um exemplo disso.

No parque, aproximo-me de um grupo que brinca. De repente, inicia-se um tumulto. Shirley (negra) chega perto de Fábio (branco), o xinga de "besta", e ele revida. Letícia (branca) passa a participar da discussão, com vários xingamentos. Letícia e Catarina (negra), até então brincando juntas, principiam a se xingar também. Catarina diz a Letícia: "Fedorenta", e esta responde: "Fedorenta é você". Catarina, então, diz: "É você, tá!". Letícia responde: "Eu não; eu sou branca, você é que é preta!" Catarina fica paralisada e não diz mais nada. Até então virada de frente para Letícia, dá-lhe as costas e começa a xingar Fábio. Catarina segundos depois desfere-lhe um golpe na cabeça. O menino chora. A professora, percebendo a confusão, se aproxima do grupo e adverte a menina Catarina, que mais uma vez ouve tudo calada.

Silêncio, seguido de reação violenta. O que se pode ver naquele parque infantil é nada mais que uma pequena reprodução da própria história do negro em nosso país. Impotente diante da pressão racista, ele parte para a violência e, consequentemente, é penalizado. Isso transforma-se em estigma.

Outro exemplo é o fato de duas meninas negras caminhando pelo parque, quando um menino esbarra em uma delas e lhe diz em tom de deboche: "Desculpa, neguinha!". Depois parte gargalhando, junto com o amigo que também ri muito. À menina arregala os olhos, mas continua a sua caminhada, sem nada dizer.

Em outro momento, ainda, a menina Silvia (negra) brinca com sua amiga Maiara (negra). A primeira tem uma boneca branca nas mãos. A segunda, uma boneca preta. Pergunto: "Essa boneca preta é sua?". Ela, com muita ironia, responde: "Nem de nega eu gosto!". A outra não diz nada.

No primeiro exemplo, vemos a fala da menina branca expressa de modo incisivo, o que faz com que a menina negra fique imobilizada pela lógica, ou pela "verdade" contida na expressão "o preto é fedorento". No segundo, o menino pede desculpa para a menina negra em tom de deboche, ridicularizando-a diante da situação. E no terceiro, uma criança negra, diante da amiga também negra, expressa seu acentuado desprezo por pessoas de seu grupo.

Diante de situações como essas, pude constatar a tranquilidade com a qual as crianças brancas expressam comentários depreciativos a respeito das negras, que quase sempre permanecem absolutamente caladas, com olhar distante. Sobressaem em seus rostos expressões vazias. Após a ofensa dirigem-se a outro grupo, ou então principiam a brincar sozinhas, como se nada lhes tivesse acontecido.

Nesses conflitos em que crianças xingam, referindo-se à cor da pele como uma característica negativa, podemos observá-las como grandes vencedoras da disputa.

A inação das xingadas revela um misto de medo, dor, impotência: diante dessas emoções imobilizadoras, não conseguem ou não sabem como se defender. Ante o ambiente que lhes é hostil, isolam-se, retiram-se do palco da disputa. Tentam passar despercebidas, abandonando o conflito.

O silêncio permanente das professoras a respeito das diferenças étnicas no espaço escolar, somado ao das crianças negras, parece conferir aos alunos brancos o direito de reproduzir seus comportamentos, pois não são criticados ou denunciados, podendo utilizar essa estratégia como trunfo em qualquer situação de conflito.

Convivência multiétnica: uma realidade esquecida

Aos poucos, é possível perceber a ausência de questionamento sobre a diversidade étnica no cotidiano escolar, quer por parte das professoras, quer por parte da coordenação pedagógica e da direção escolar, o que sinaliza o despreparo e o desinteresse da escola para lidar com essa questão.

A convivência multiétnica na escola não é levada em consideração pelos seus profissionais. O debate está ausente nas pautas das reuniões pedagógicas, nas JEI(s) (jornada especial integral) e nos planejamentos.

— Essa questão das diferenças, a gente trabalha entre nós mesmas. Trocamos experiências, trabalho. A gente deixa os modelos na sala de aula. A gente troca muito nesses horários de "JEI": "Olha, na minha sala aconteceu um fato assim". Então todas as professoras discutem e chegam a alguma conclusão. Às vezes pode acontecer até alguma orientação melhor. (Ana)
— E alguma vez surgiu nessas reuniões algum questionamento sobre racismo, preconceito ou discriminação?
— Não houve. A escola estava em reforma. Então, o problema estava voltado para o ar que a gente respira. Então, era outro o problema, não o de preconceito. (Ana)

Para outra professora, esse tipo de assunto não deve ser tratado nas reuniões pedagógicas para não esticar o assunto:

— Reunião pedagógica é para passar a parte pedagógica mesmo. Parte pessoal, essas coisas não.
— O caso da Denise foi passado para a direção, ou coordenação?[1]
— Não, não. Acho que foi só comentário. Acho que não é por aí. Se não você começa esticar muito um assunto que não tem necessidade... A não ser que seja uma coisa séria. Mas foi uma coisa que ela contou para mim. Depois solucionou o problema, não precisou ir avante. (Sônia)

Diante desse último depoimento, podemos entender os assuntos tratados nas reuniões pedagógicas como sendo, exclusivamente, *sérios e pedagógicos*, e *não pessoais*. Isso nos leva a compreender que o conflito étnico é considerado como problema *pessoal e não sério*.

Não obstante, é possível constatar que as professoras se sentem aptas a lidar com essa questão: "Eu acho que estamos, porque a gente tem um jeito especial de falar. É muito maleável: chama o pai e fala: 'Olha, está tendo um problema assim, vamos amenizar.' Tudo com jeito." (Ana)

Elas reconhecem, contudo, a falta de formação para lidar com questões tão específicas, creditando o suposto conhecimento adquirido a experiência pessoal de cada uma:

> Eu acho que a gente não está realmente preparado. Mas a gente vai no "achômetro". A prática pelo "achômetro". Cada um vai elaborando a própria receita e vai tocando o barco. Não tem como, quem é que vai me preparar para isso? (Amália)

Uma professora negra acredita que a escola sabe lidar com o problema étnico: "Eu acho que a escola está preparada para isso. Não tem discriminação, nunca foi falado sobre nós negros." (Bruna)

Para ela, o silêncio e a omissão sobre o problema étnico parecem apagar o problema. É como se a discussão sobre ele fosse capaz de lhe dar vida. E só existisse a partir do momento em que dele se falasse.

Tal discurso parece denunciar o medo que se tem em discutir a questão da convivência multiétnica na sociedade e no espaço escolar. Parece-me que está de acordo com a sociedade. O silêncio sobre o tema aparece aqui como um indicador da inexistência do problema.

Assim, a experiência e o preparo para lidar com a diversidade étnica não decorre de estudos ou debates realizados nas JEI(s), muito menos da literatura existente sobre relações étnicas brasileiras, visto que as professoras nada têm lido sobre o tema: "Eu não estou lembrada de ler, não. Estudei psicologia, mas necessariamente sobre o preconceito, assim em relação ao preto, não..." (Ana).

E outra, por achar que age de modo correto, também por ser muito sentimental e imaginar que esse tipo de literatura é triste, opta por não ler. Novamente, essa fala traz a ideia de que a questão não é não ver o problema, mas, pelo contrário, é não querer ver o problema: "Eu nunca procuro ver porque acho que eu estou certa. Eu já imagino o que deve se passar no livro, os problemas que aparecem, daí eu sou muito sentimental, me envolvo muito e nem faz bem". (Sônia)

Nem mesmo em cursos de especialização, que se propõem a aprofundar mais a questão da educação, esse é um tema tratado:

> Teve uma época em que a gente lia muito. Quando a gente tinha grupos de formação. Então, as coordenadoras tinham grupo há cada 15 dias. Nós tivemos aquele curso desenvolvido pela USP. E foi enfocado só o problema de crianças com necessidades especiais. Questão racial e de gênero não. (Dalva)

Esse conhecimento adquirido apenas pela experiência pode levar o profissional a distorcer e minimizar os problemas, em diversas situações:

> Criam-se celtas coisinhas: negro, japonês, nordestino... Não é tanto questão de cor, é o trabalho, é a idade. Aí entra tudo. Então, o preconceito é em tudo, não só o de cor, de raça, de língua, de estado... É de tudo, é de idade, o preconceito é geral. (Magali)

Em outras situações, pode neutralizar o problema, realçando a beleza de ser negro, como demonstra a fala de uma professora, em tom de enfado, demonstrando reprovação: "Normalmente, ela fala (a criança): 'Professora, fulano me xingou de preto'. É assim como se fosse uma coisa muito ruim para ela ser preta. Daí eu vou e falo: 'Você não é preta. Você é negra. É lindo ser negro'". (Amália)

Ao reproduzir a reclamação da criança, a professora coloca em sua voz um tom que não é o seu normal, como se estivesse cansada desse tipo de reclamação. A professora em momento algum diz repreender a criança que se referiu à negra de modo pejorativo e ofensivo.

A solução por ela adotada é a de realçar a beleza de ser negro, quando, na minha opinião, o fato perpassa, somente, a questão da normalidade. Não se trata de ser ou não ser lindo o negro. É normal ser negro, como é normal ser branco, descendente de japonês, ou qualquer outra ascendência que se tenha.

Muitas vezes, as professoras deslocam a questão étnica da condição de problema central, desviando-a para as secundárias, tentando traçar uma linha paralela de igualdade entre conflitos distintos.

> Esse ano eu tive um aluno negro. Um não, dois. Eu os chamava de filhote de São Benedito, porque eles eram o cão em forma de gente. Eles atormentaram o ano inteiro. E tinha outro que era o contrário, o Rui. O Rui é uma criança negra que caiu do segundo andar e destruiu o palato duro e o palato mole. Então, ele tinha dois agravantes: ele era negro e não falava direito. E o outro era negro e era um capeta. Então, acho que é assim: como o Rui tinha o problema na fala as crianças não enxergavam a negrura dele. Enxergavam o problema dele. "O Rui não sabe falar, professora." (Idalina)

Para a professora, a "negrura" da criança só deixou de ser percebida de forma problemática porque havia na turma uma criança fisicamente defeituosa, o que, em sua opinião, foi motivo de curiosidade e de pena por parte das demais crianças, fazendo com que o conflito étnico ficasse em segundo plano.

O silêncio como uma estratégia para evitar o conflito étnico

Os problemas se acumulam: ausência de informação, aliada a um pretenso conhecimento, resulta no silêncio diante das diferenças étnicas. "Acho que não tem como a professora ficar debatendo: 'Ele é branco, ele é preto; não tem ninguém melhor do que ninguém'. Isso vai sendo trabalhado automaticamente" (Teodora).

Assim, vivendo numa sociedade com uma democracia racial de fachada, destituída de qualquer preocupação com a convivência multiétnica, as crianças aprendem as diferenças, no espaço escolar, de forma bastante preconceituosa. Aliás, é o que conta a professora Teodora:

> Eu tenho um aluno maravilhoso – o César – e ele é de cor. Um dia, uma criança disse: "Foi aquele neguinho quem fez isso". Eu retruque: "Neguinho?". E ela, insistiu, apontando o César: "Aquele neguinho!". O garoto é um cavalheiro! Aos cinco anos de idade ele é um cavalheiro! Eu acredito muito na espiritualidade. Então, eu acho que ele nasceu com uma alma nobre. Ele não se incomodou nem um pouco.

A fala da professora expressa a valorização acentuada do silêncio nas situações de conflitos étnicos. E, aos poucos, ela revela seu entendimento sobre o problema:

> O menino não se incomodou de jeito nenhum, ele é nobre! O César não é um menino agressivo, eu tenho muito carinho por ele (fala em sussurro). Não que eu não tenha muito carinho pelos demais. Eu tenho por todo mundo. É um menino muito querido, todos gostam de ficar perto dele. Ele não revidou: "Olha, negro é isso; é aquilo!". Porque a mãe dele é muito *light*. A mãe dele não se incomoda com isso. Ela nasceu preta maravilhosa, luta normalmente pela vida dela, sem se incomodar. Então, eu acho que essa tranquilidade, essa leveza se passa para a criança.

A mãe (cujo depoimento analisaremos no capítulo sobre a família), procurou a professora, pois o filho chegou em casa com um brinquedinho. Pressionou-o para saber a origem e ele teria dito que um amigo o mandou levar, afirmando que "preto tem que roubar mesmo".

O silêncio da criança diante dos outros demonstra a sua fragilidade em situação tão humilhante, imposta pelo amigo. Sinaliza o quanto ela não domina o seu direito de defesa. E expressa, também, a sua falta de confiança nos adultos à sua volta para resolverem o problema, visto que não foram procurados para defendê-lo.

O menino age como que endossando a fala do amigo e, silenciosamente, assume um papel que lhe foi dado pelo outro – o de ladrão. Seu desamparo é entendido pela professora como uma ação positiva.

Essa maneira de silenciar e valorizar o silêncio diante dos evidentes conflitos étnicos acaba escondendo comportamentos e nos leva a repetir uma interrogação do sociólogo Florestan Fernandes:

> Até que ponto o "negro" e o "mulato" estão socializados não só para tolerar mas também para aceitar como normal e até mesmo endossar as formas existentes de desigualdade racial, com seus componentes dinâmicos – o preconceito racial dissimulado e a discriminação racial indireta?[2]

Por seu turno, Idalina, a professora da criança que agiu preconceituosamente, também analisa o ocorrido. Narra a história, achando graça. Chega até a gargalhar, ao explicar as providências que tomou:

> Chamei o Paulo, mãe dele, a família inteira, não ficou ninguém sem vir: avó, avô, tio, tia, papagaio, periquito. "O que está acontecendo? Na casa da senhora, a senhora trata assim as pessoas?" (Imita, ironizando a resposta da mãe.) "Não, professora, pelo amor de Deus! O meu cunhado é negro como a noite. Minha irmã namora com negro." Perguntei a ele onde tinha ouvido isso: "Em lugar nenhum, professora". Fui bem firme: "Então, que história é essa que negro tem que roubar? De onde vem?" Até hoje não descobri onde ele ouviu isso.

Seu modo de narrar faz a história parecer um espetáculo de circo. O problema perde a sua seriedade e gravidade. Contraditoriamente, ao analisar o ocorrido ela discursa:

> Eu acho que esse problema de negro é muito sério. Porque está implicado em ação, em convívio social. Não é só o chamar, você está oferecendo uma ação terrível e atribuindo-a a outra pessoa. Eu acho que isso é mais que ser discriminado, rotulado e tachado. Foi o fato mais gritante que eu ouvi até hoje, onde a discriminação passou da cor e foi para a ação. Foi para a atitude, ela foi imposta a alguém. E a alguém muito pequeno. Eu fiquei chocada. Foi uma das coisas com que eu mais fiquei triste.

Na fala de Idalina, o que mais chama a atenção é a ligação, que ela faz, entre a atitude de Paulo e um derrame facial sofrido por ele:

> Ele é uma criança superzen, Mas, agora no finalzinho do ano, ele teve um derrame facial: ficou com a boca torta. Pode ter sido um vento ou a geladeira aberta com o corpo muito quente. Mas existe uma coisa dentro da criança. E é difícil falar isso porque é intuitivo e meio absurdo. Ela traz alguma coisa que independe da vontade do pai ou da mãe. Por exemplo, carisma ninguém dá. E tem uma outra coisa que é a maldade, a bondade, a generosidade, que vêm de dentro, apesar de tudo que se possa falar a ela. Para mim, é tão claro que ela vai levar isso pela vida afora. Ela vai ser um adulto daquele jeito. É horrível falar isso, não é?

Sua fala leva a entender a atitude do menino como algo inerente à sua pessoa. É interessante notar, também, o modo utilizado pela professora para resolver o problema, chamando para uma conversa a mãe de Paulo, insinuando uma possível culpa da família e o entendimento do conflito étnico como algo individual.

Por fim, a professora demonstra compreender a gravidade do problema, mas opta em nada fazer no âmbito educacional.

A valorização do silêncio, pela professora Teodora, parece ser uma constante em seu modo de pensar, porque em outras situações também parabeniza a vítima por não ter reagido.

> Na sala da minha filha teve um problema seríssimo. Tem uma menina negra, negra bela, por sinal. Ela se dá bem com todo

mundo. É aquela menina que se destaca pela simpatia e pela beleza. Porque só tem gente branca na sala. Então, quando ela chega, parece dizer: "cheguei, porque sou bela" e realmente é. E, acho que por inveja, ou sei lá o quê, uma menina branca disse que ia dar um "pau" nela. A mulata não precisou falar nada. A classe tomou o partido dela. A branca falou: "Vou te bater, sua negra. Por mais que você seja bela e maravilhosa, você nunca vai ser igual a mim. Porque você é uma negra e eu sou branca!".

Mais uma vez, a impotência do indivíduo diante de pressão racista é parabenizada. Para Teodora, o negro deve permanecer calado. Ou seja, ignorar o acontecimento e quem o realizou. Ela prossegue parabenizando o silêncio da vítima e enaltecendo a benevolência dos demais:

Quando ela falou: "Eu sou branca", a classe inteira deu uma "porrada" na cara dela. Eu achei aquilo lindo, porque as meninas falaram: "A partir de hoje você vai respeitá-la!". E a menina negra ficou tão *light*, ela nem se incomodou. Deixou que a classe tomasse partido, porque ela é bela.

Um outro dado marcante, no depoimento da professora, é a necessidade constante de adjetivar as pessoas negras:

A noite eu trabalho com pessoal carente, são nordestinos, pessoas de cor, maravilhosas. Tem uma aluna problemática ao extremo por ser preta. Uma negra maravilhosa, com um cabelo desse tamanho (demonstra um cabelo comprido e armado) todo cacheado, pintado de caju púrpura. Uma menina linda, superproblemática, tomava antidepressivo.

Procurando, quem sabe, evidenciar sua aceitação às pessoas negras, a educadora, para relatar sua história, utiliza-se de vários adjetivos para qualificar a tal aluna. Ao mesmo tempo, ao tentar prestar-lhe auxílio, acaba por culpá-la pelas discriminações sofridas:

Daí, eu percebi que era porque ela era preta. Ela mesma me falou que só gosta de homem branco. Eu até conversei muito com ela a esse respeito. É revoltada. E passa isso para os colegas em sala de aula. Ela mesma se discrimina. Um dia um colega nervoso falou assim: "Olha, você sai de perto de mim, que nem de negro eu gosto!". Eu falei "O que é isso, filho? Não pode falar esse tipo de coisa, é até feio. Você é um adulto. Isso não fica bem para você. Você não gosta da sua amiga porque ela é preta? Olha, você está proibido de falar isso em sala de aula!". Depois ele falou outra vez, e o pessoal o vaiou. Porque ele é uma besta humana, um cara extremamente ignorante.

A adjetivação estende-se até mesmo às pessoas de seu círculo familiar:

> Eu tenho duas sobrinhas mulatas que são belíssimas, lindíssimas e exóticas ao extremo. Belas demais, um trem, nem parecem gente de tão bonitas. Aquele narigão, não só o nariz, tudo delas é muito bonito. Mulatas, coisa linda.

Em nenhum momento ela fala: *branca bonita, branca maravilhosa, branca nobre.* Porém, em se tratando de uma pessoa negra, percebe-se uma necessidade de, quem sabe, aliviá-la do peso da sua cor, tornando-a *bela, light, exótica,* enfim, aceitável.

Neutralizando as desigualdades de tratamento

Embora a escola esteja cheia de ironias, em muitos momentos isto se apresenta de forma trágica e desumana. Algumas situações permitem concluir que é demasiado preocupante o modo como as crianças negras são mencionadas no cotidiano da escola. Alguns episódios parecem exemplares:

No parque, duas turmas (fases I e III) estão brincando juntas. A professora da fase I encontra uma trança de "canecalon". Dirige-se à outra, que tem, em sua turma, duas alunas usando cabelos desse estilo, e lhe diz: "As suas alunas estão perdendo os cabelos! Ou será que tem alguém arrancando? Já pensou, deve doer bastante porque é grudado no cabelo delas. Guarda para as mães colocarem no lugar". Ambas riem da situação. As crianças à sua volta presenciam toda a cena.

Durante uma entrevista tomei conhecimento de mais situações humilhantes sofridas por essas duas crianças. A menina Vera (negra) contou-me que toda a turma ironizava as duas meninas que usavam tranças no cabelo.

> Todo mundo ficava mangando dela (Catarina). Mangavam da Aparecida também. Elas (as crianças) falavam que a Cata-

rina era besta porque enrolava o cabelo. Ela vinha para a escola com o cabelo trançado. E todo mundo ficava mangando.

Entendo que esse tipo de situação pode decorrer do modo desagradável com o qual algumas professoras se referem livremente aos seus alunos negros. Essa forma de agir, até mesmo na presença das crianças, pode levá-las a entender que também podem reproduzir tais atitudes, visto que suas professoras o fazem. No parque, observei as duas turmas e suas respectivas professoras (fases II e III). Permaneci muito próxima delas e de diversas crianças. Perguntei a Idalina sobre dois irmãos gêmeos. "São seus alunos?" Ela respondeu: "Ah, os filhotes de São Benedito?". Perguntei-lhe: "Por que filhotes de São Benedito?". Ela disfarçou: "Dois negrinhos, assim desse tamanho?". E terminou falando mal do comportamento dos gêmeos.

Em sua entrevista, fez uma referência semelhante. Ela disse que chamava dois de seus alunos negros de: "(...) filhote de São Benedito, porque eles eram o cão em forma de gente. Eles atormentaram o ano inteiro".

A ideologia, ao promover o estereótipo, leva o estereotipado a internalizar sua imagem negativa, idealizada com o objetivo de inferiorizá-lo e oprimi-lo, conforme afirma a pesquisadora Ana Célia da Silva:

(...) a pior das consequências da ação do estereótipo é a autorrejeição e a rejeição ao seu outro igual, é esse ódio contra si próprio que a ideologia coloca no oprimido, um tipo insidioso de inferiorização que resulta em desagregação individual e desmobilização coletiva (Silva, 1995, p. 46).

Para a Idalina, porém, o seu modo de adjetivar pejorativamente os negros representa um tratamento normal. Em momento algum parece compreender que pode estar ferindo a criança e direcionando a sua identidade. Simplesmente não questiona o significado que suas "metáforas" podem ter para as crianças que as ouvem. .

Quando, durante a entrevista, eu pergunto o que ela acha que sentem as crianças que a ouvem, responde:

Nada. Porque tanto os chamo de "filhotes de São Benedito" quanto falo: "Ah, seu filho da puta, safado, porque você aprontou. Não me encha o saco!"'. Nessa hora eles sabem que eu estou muito furiosa, se eu pudesse eu dava um tapa na bunda. Então, o que eu falar não tem outra conotação, exceto a de que eu estou muito "pê...". Se eu pudesse eu esganava na hora. Porque fez alguma coisa que me deixou profundamente aborrecida. Outra coisa é outra coisa. Mas, naquela hora, eles entendem profundamente o que eu estou falando.

Isso não garante dizer, porém, que as crianças. não recebam seus comentários de forma negativa. Eles são prejudiciais à formação da identidade de qualquer criança. Dissimulações, piadas, ironias encobrem o preconceito latente e favorecem a cristalização de ideias preconceituosas.

Esse depoimento também revela o modo perverso pelo qual as crianças podem ser tratadas no espaço escolar por seus professores.

Uma desvalorização sistemática

Há ainda outros fatos que chamaram a minha atenção, levando-me a conceber aquelas professoras como agentes difusores da desvalorização das características estéticas das crianças negras, agindo de forma constante e sistemática.

Diversas vezes presenciei seus comentários que, penso, repercutiam negativamente na autoestima das crianças, expondo-as à humilhação. Senão, vejamos:

a) As crianças se encontram na sala de vídeo assistindo a programas infantis. Entra, em edição extraordinária, a nota de falecimento de um cantor de uma famosa dupla sertaneja. Ao ouvir o noticiário, a professora rapidamente pergunta: "Qual deles morreu?". Toma conhecimento de que quem havia morrido era o cantor negro e assim ela comenta: "Ah... não foi o bonito!". Todas as crianças ouvem seu comentário.

b) Na sala de aula, a professora diz a Marisa (negra): "Você precisa falar para a sua mãe prender o seu cabelo. Olha só que coisa armada!" Fala isso em tom alto, que pode ser ouvido por todas as crianças. Depois disfarça, alterando o tom da voz, talvez por se lembrar da minha presença: "Senão você pode pegar piolho, na escola tem muito!".

c) Em outra sala, a professora se dirige a uma criança e lhe pergunta: "Quem mandou você soltar esse cabelo? Não pode deixar solto desse jeito. Por que soltou? Ele é muito grande e muito armado! Precisa ficar preso!". Em seguida, energicamente, pega a maria-chiquinha do pulso da menina, prendendo-lhe os cabelos.

Ao presenciar essas situações, nas quais a obrigação de manter preso o cabelo crespo é imposta às meninas negras, imaginei como essa ideia estaria sendo assimilada pelas crianças.

Entendo que, de alguma maneira, essas experiências podem contribuir para a cristalização de uma forma de pensar as características estéticas da criança negra.

Essa hipótese se confirma dias depois: quero saber o nome de uma menina e pergunto a Maiara (negra), próxima a mim, o nome da amiga. Ela indaga: "Qual? Aquela descabelada?". Aproveitando-me dessa fala, pergunto a ela se há mais "meninas descabeladas". Ela aponta quatro colegas negras.

Esses acontecimentos representam apenas um detalhe do cotidiano pré-escolar, porém são reveladores de uma prática que pode prejudicar severamente crianças negras.

Em consequência, o modelo de beleza branca pode estar se tornando desejável. As crianças não brancas passam a admirar e desejar para si esta estética, a exemplo do que diz a pequena Denise (negra): "É, eu disse para a minha professora que eu não queria ser preta, eu queria ser como a Angélica[3]. Ela é bonita!".

Assim, foi possível reconhecer um desejo de mutação do próprio corpo, um sentimento de recusa ao seu grupo étnico e o desejo de pertencer ao grupo branco, indicando um sentimento de vergonha de ser do jeito que se é – negro.

Uma menina está brincando no parque com uma boneca preta, e eu lhe pergunto: "Essa boneca é sua?". Ela não tem tempo para responder, pois sua parceira (outra garotinha negra) diz primeiro: "É. O pai dela comprou para ela, porque ela é preta". Então indago: "Você tem uma dessa?". E ela, de pronto: "Não! Eu não gosto de preta! Eu gosto assim de branca!". Demonstra achar uma ideia absurda possuir uma boneca negra.

Em outra situação, questiono a menina Vera (negra): "Como você é?". Ela responde: "Eu tenho uma franjinha abaixada, sou gordinha, meu pezinho é gordo porque eu puxei meu pai". Pergunto: "Como você é: preta, branca...?". Rapidamente afirma: "Morena". Digo, então: "Você gostaria de ser diferente?". E ela confirma o que já se poderia imaginar: "Hum... eu gostaria de ser branquinha!".

Esses e outros fatos, como o da oportunidade em que perguntei para Marcelo (negro): "Como você é? Preto, branco..." e ele respondeu: "Branco", vêm a confirmar o que afirma a pesquisadora Vera Triumpho:

> A nossa criança negra, por todo um condicionamento sociocultural de um ideal de beleza e padrões europeus, possui baixa autoimagem e baixa autoestima. Consequentemente ela será um adulto com problema de identidade pessoal.

Pude presenciar, no decorrer das observações no espaço do parque, uma conversa entre a professora Ana e sua aluna Denise (negra): a menina, caminhando com mais duas amigas, é surpreendida pela professora, que vai na direção contrária, e lhe diz: "E então, acabaram os problemas?". Denise sorri e balança a cabeça, dizendo que sim. Pergunto à professora o que houve e ela me responde: "Ela está com problema com a cor". Diz as últimas palavras quase num sussurro, passando a mão no braço, para explicar que se refere à cor da pele, e prossegue: "Não quer ser assim. Ela queria ser branca e ela falou que queria ser mais clara que eu. A mãe dela me procurou no horário da saída. Falou que ela estava com esse problema, que queria ser branca".

Esta não é a única negra na sala de aula, o que permite supor a existência de mais crianças vivendo conflito semelhante.

Para Ivone Oliveira, as crianças negras apresentam *o desejo de morenear*. A autora destaca a insatisfação e a "vergonha" da criança negra com relação a si própria: a vontade de tornar-se branca e o desejo de ser outra pessoa. Para ela, a criança negra, ao se voltar para o seu próprio corpo, encontra as marcas daquilo que é menosprezado – a cor da pele.

A professora, contudo, prefere atribuir a responsabilidade do problema à família da criança, como se ele fosse, apenas, um caso individual. Nega a existência de qualquer problema étnico na escola. Para ela, a menina, embora de família negra, "quer ser branca como a avó", que é mais clara. Assim, limita-se a conversar com a criança e pensa ter resolvido o conflito da aluna, explicando-lhe:

> Já pensou se o japonês não gostasse de ter o olhinho puxadinho? O que ele ia fazer? A gente tem que se gostar do jeito que a gente é. Você pode ser uma princesa, uma rainha até, mesmo sendo negra. A gente é assim mesmo, tem gente branca, preta – daí eu até brinquei – amarela, roxinha.

E ela (a menina) começou a dar risada. Passou, vê só que bobeira! Criança tem cada uma!

Assim, tenta atenuar o problema, afirmando que não é tão grave assim ser negra, que se pode chegar a ser "uma rainha", apesar de negra. Mas ao dizer isso, não lhe apresenta um modelo real que corresponda a sua fala.

Não bastando isso, a professora ainda acaba exibindo atitude de desrespeito, quer pelo dilema existencial vivido por Denise, quer pela própria menina, ao apelidá-la de Angélica: "Agora a professora só me chama de Angélica".

A criança faz esse comentário, expressando tristeza na fala e demonstrando estar insatisfeita com a atitude da professora. Não bastasse o conflito de ser negra, ela agora tem mais um para enfrentar: o apelido jocoso, dado por aquela que deveria orientá-la e não ridicularizá-la.

Essa situação explicita a perversidade do preconceito racial: aquela que assumiu a missão de educar reforça a ambiguidade do educando. Demonstrou estar despreparada para lidar com o problema. Ao tentar prestar ajuda acabou inibindo uma futura denúncia, não só no espaço escolar, mas também fora dele, visto que a menina sentiu-se ridicularizada naquela situação, diante de outros.

Um olhar que transforma vítimas em culpadas

Por mais que se tente ocultar, o problema étnico aparece no espaço escolar de modo bastante consistente. As profissionais da escola não se sentem responsáveis pela manutenção, indução ou propagação do preconceito. Mas, tendo em vista a realidade do problema, cria-se, então, a necessidade de responsabilizar alguém pela sua existência. Nessa hora, as vítimas passam a ser as culpadas pela situação.

A professora Teodora, por exemplo, diz que "tem pessoas que, elas mesmas, se discriminam. Isso é muito chato".

Demonstrando concordar com essa teoria, Ana comenta a insatisfação de sua aluna que queria ser como a apresentadora Angélica: "O problema da Denise era dela mesmo – interior, dela mesmo. Era ela que não se aceitava" (Ana).

A auxiliar geral Marli (negra) culpa as meninas negras, Aparecida e Catarina, ao reclamarem de outras crianças que bateram nelas:

Aquelas duas crianças são muito estranhas, sabe?! Elas não chegam na gente. Elas não são crianças que dizem assim: "Ah, dona Marli, vem aqui. Dona Marli, vem aqui! Fulano está falando assim para mim!". Elas nunca chegam em mim para falar. Eu nunca presenciei nenhuma criança xingando as duas. Se elas viessem e falassem, eu ia chamar a criança que as estava xingando e ia conversar.

Para a professora Amália, a criança que sente a cor como um fator negativo sofre mais: "(...) nunca quem está ofendendo o negro é a outra criança, que xingou uma ou duas vezes. É uma coisa que está dentro dela" (Amália).

O necessário papel da escola em perceber o problema e buscar estratégias para sua superação parece não ser considerado. A criança, indefesa em sua pouca idade, é apontada como aquela que deve, além de tudo, buscar meios de compreender tudo sozinha e elaborar um novo sentido para o seu pertencimento étnico.

A família pode ser culpada, a escola, não!

Isenta-se a escola das responsabilidades que lhe são cabíveis. E a família é quase sempre considerada a culpada por disseminar o preconceito, quer para a criança que reclama quando é vítima da discriminação, quer para a criança que demonstra um comportamento pautado no preconceito.

> Normalmente, essas crianças trazem isso (o preconceito) de casa, a mãe também. Aí se percebe que a problemática é bem por aí. Se a família se aceita bem, se tem orgulho dela, é tudo mais fácil para essa criança elaborar. Se a família não tem orgulho da criança, ela pode ser verde com bolinhas douradas que ela vai ser sempre objeto de gozação dos outros. Porque ela não tem orgulho de si própria. Acho que o papel da escola é quebrar essa carga negativa que a criança traz de casa. (Amália)

É interessante notar que, para as professoras, o preconceito é um problema que decorre apenas das experiências vividas na família. Assim, não se reconhecem a si mesmas como parte do problema, mas, apenas, como parte da solução:

> O professor vai trabalhando, ela vai fazendo amizade e vai se integrando. Mas, se é alguma coisa de casa, algum

preconceito que já se embutiu na criança, de raça, de negro, ou qualquer coisa, é porque ela convive com aquela família. Com o pai, com a mãe, tantos anos, ouve falar tanto aquilo. (Magali)

Desse modo, o preconceito é considerado um problema exclusivamente externo à escola: "Agora, o que eu acredito é que isso lá fora possa se manifestar de outra maneira pela situação de família, porque existem preconceitos raciais: 'ô japonês, ô italiano, ô pretinho'. Essa coisa vem mais de fora" (Dalva).

A pureza e uma suposta ausência total de discernimento da criança, sobre a qual a ação do adulto se faz sentir, também é apontada: "A criança é uma coisa pura, é uma folha em branco, como dizem, que vai gravar tudo, que vê e, principalmente, escuta. Ela já ouve o mau exemplo de casa" (Bruna).

O silêncio sobre a questão étnica parece atingir a todos, adultos e crianças, profissionais da escola e familiares. Segundo as entrevistadas, os pais não fazem reclamações dessa ordem:

> Quando aparecem, eles chegam já armados contra a criança que chamou o filho, sei lá, de negro. Eles não têm nem noção de que não adianta chegar e brigar com uma criança. Se ela falou aquilo é porque ela ouviu de adulto. Quando chega, entra armado: "Você xingou meu filho". (Amália)

Explicando as diferenças étnicas

Ao analisarmos as diversas formas de interpretação dadas pelas professoras às diferenças entre negros e brancos, encontramos explicações que querem expressar a igualdade étnica e o compromisso do professor para garanti-la.

> Eu chamo a criança e converso com ela. Falo: "Vem cá: ele não é igual a você? Ele não é um ser humano igual a você? Só que infelizmente ele é de uma raça e você é de outra. Só que vocês são crianças iguais. Vocês são seres humanos iguais. Vocês são filhos de Deus iguais". (Marli)

Mas, ao tentar aliviar o peso de ser negro, a fala que deseja expressar uma igualdade deixa transparecer um sentimento de piedade por ser negro. "É que nem eu falo: (o negro) é um ser humano, ele não escolheu que cor que ele queria ser" (Sônia).

No discurso, o indivíduo negro é desculpado pelo "seu defeito", por ele não ter escolhido ser do jeito que é:

> Um menino falou para o outro assim: "Seu negrinho feio e nojento". Aí, eu falei: "Você não fala assim, porque poderia ser você no lugar dele. Então, você não fala assim, porque ele é tão criança quanto você. Porque para mim vocês todos são iguais. Porque ele é tão querido quanto você". Então eu não admito isso perto de mim (Marli).

O caminho apontado pela professora Teodora para a superação dos conflitos étnicos assume uma linguagem teológica: "Todo mundo tem uma alma que movimenta essa nossa matéria. E, para Deus, a sua alma não é preta, não é mulata, não tem cor".

Em meio à dificuldade de falar sobre as diferenças étnicas, surgem os contos de fadas que, utilizados para auxiliar na explicação, acabam por prejudicar a igualdade pretendida, reforçando estereótipos. Assim, a dicotomia bom/mau aparece claramente na fala da professora.

> Na história há o patinho feio. A gente conta, aquele patinho feio é como se fosse o preto e os outros eram mais bonitos. No fim, ele vira o cisne. Porque ele não era patinho, ele era cisne. É uma diferença também racial. Depois, ele ficou bonito, quer dizer que quando cresce ele pode ficar bonito. Porque às vezes a criança não nasce bonita, mas, depois, ela cresce, estuda, aí, fica mais bonita. A gente trabalha a história de um patinho, ou alguma outra coisa, mas a gente faz a história como se a criança fosse o patinho. Depois ela fica bonita e tudo. Então: "Vocês estão estudando, quando vocês crescerem, vocês vão ser aquele cisne que era um patinho. Vão ser doutores". (Ana)

Parece irônico, mas, penso, é trágico o modo como a professora confirma a "feiura" de ser negro, que pode ser superada com o estudo. E a clássica ideia preconceituosa do preto de alma branca reaparece com a maior naturalidade.

> Nas próprias histórias infantis, existe aquela madrasta, a bruxa. Em relação a uma coisa má e a uma coisa boa. Então, a gente pode aproveitar a raça nesse sentido. Porque, às vezes, uma pessoa, por exemplo, é preta e tem a alma branca. As pessoas também são diferentes, podem ser negras (ou) da

raça branca, mas todas são iguais. São feitas de carne e osso. Porque, às vezes, uma pessoa, por exemplo, é preta e tem a alma branca. E a branca pode ter a alma preta. (Ana)

Há, porém, quem procure recorrer a uma explicação mais razoável:

"Vamos olhar aqui na sala se é todo mundo igual?" Aí, ele mesmo começa a se observar, tal. Eu falo para eles observarem a natureza: ver se todos os animais têm a mesma cor; os pássaros que têm cada um uma cor; os cães; gatos. Aí, eles vão notando que cada um é de um jeito: que eu tenho cabelo preto e pele morena; que o outro é loiro e tem olho azul. E cada um é muito importante. Tem criança que logo assimila isso numa boa. (Amália)

Uma professora parece recorrer a uma explicação irrefutável: "Eu, antigamente, em sala de aula sempre falava: 'Nós somos todos iguais, se a gente cortar o dedinho o sangue sai igualzinho. Não é essa cor da pele que vai fazer diferença'". (Clara)

É interessante notar as escolhas feitas pelas professoras para explicarem as diferenças e demonstrarem a "igualdade" entre as pessoas. De um lado, temos as espécies animais sendo comparadas às raças humanas. De outro temos as diferenças étnicas sendo explicadas por intermédio do folclore. Como de costume, reaparece o saci-pererê:

Engraçado que sempre vem essa história de cor. E agosto é uma ótima época para se falar disso, porque a gente tem o saci-pererê, a gente tem a mula sem-cabeça, tem índio. E é a época do folclore, e é uma festa. Você aproveita uma data que é muito mágica e transforma isso. Você meio que desbanca a molecada. (Idalina)

Torna-se complicado encontrar igualdade diante de tratamentos tão desiguais. Esse modo de explicar as diferenças mostra-se distante da realidade cotidiana das crianças, tendo em vista que o dia a dia não lhes oferece provas de igualdade. Ao contrário, confirma a existência de tratamentos diferenciados pautados na origem étnica.

Vale destacar a incorporação do discurso que visa "neutralizar" a diferença, como pude constatar, no parque. Sete meninas, juntas, brincam com suas bonecas: seis brancas – três com cabelos loiros e três com cabelos pretos –, e uma preta. Faço diversas perguntas a elas e, quando indago: "Qual é a boneca mais feia?", Larissa (branca) responde: "É a preta" e Vera (negra) diz:

> Não pode falar assim! Não pode falar que preto é feio, porque senão quem é preto fica triste! A minha prima falou quando chegou uma pessoa preta lá em casa: "Que gente feia!". É feio falar isso! É feio sabe por quê? Porque as pessoas pensam que as mães não dão educação para a gente.

A menina demonstra ter aprendido que não é educado destacar o "defeito do outro".

Preconceito; um problema latente

A familiaridade com a dinâmica da escola permite perceber a existência de um tratamento diferenciado e mais afetivo dirigido às crianças brancas. Isso é bastante perceptível quando analisado o comportamento não verbal que ocorre nas interações professor/ aluno branco. Nelas é natural o contato físico, acompanhado de beijos, de abraços e de toques.

Isso é bastante visível no horário da saída, quando os pais começam a chegar para pegar seus filhos. A menina Solange (branca) despede-se da professora com um beijo e esta retribui.

Observando o término de um dia de aula, foi possível contabilizar um número três vezes maior de crianças brancas sendo beijadas pelas professoras em comparação às crianças negras: dez crianças brancas para três negras.[4]

Também durante as atividades a criança branca recebe mais beijos das professoras:

a) A menina Lúcia (branca), ao mostrar seu trabalho, recebe elogios: "Que bonita a sua lição. Você merece um beijo!". E a professora beija-lhe a ponta do nariz.
b) Após o término das atividades, a professora Teodora chama sua aluna Fátima (branca) e a senta no seu colo, para esperarem a chegada dos pais, e beija-lhe a face.

Desse modo, na relação com o aluno branco as professoras aceitam o contato físico por meio de abraço, beijo ou olhar, evidenciando um maior grau de afeto.

A fala da professora Bruna ilustra bem essas cenas no cotidiano escolar: "Essa professora discrimina (se refere a Teodora). Ela está sempre numa 'beijação' com as crianças loiras, quero ver com as pretas. Ela deve ser racista".

O contato físico é mais escasso na relação professor/aluno negro. Ao se aproximarem das crianças negras, as professoras mantêm, geralmente, uma distância que inviabiliza o contato físico. É visível a discrepância de tratamento que dispensam a elas. Alguns casos parecem bastante exemplares:

a) Quando chega o momento de a turma ir ao parque, a professora se dirige ao menino César (negro) e lhe diz: "Traga a cadeira da professora!". Em seguida, vira-lhe as costas sem sorrir, sem tocá-lo ou sem pedir-lhe por favor. O pedido da professora soa como uma ordem.

b) A menina Denise (negra) procura a professora para lhe mostrar a sua atividade. Sentada à sua mesa, esta lhe diz: "Nossa, está maravilhosa. Que nota você quer? Parabéns ou ótimo?". A criança responde: "Parabéns". A professora coloca a nota no caderno e sorri para ela.

c) A menina Maiara (negra) cai do escorregador, em prantos vai até a professora, que lhe diz: "Vamos, pare de chorar que você já é uma mocinha. Vai brincar e vê se toma cuidado!". A menina segura o choro e volta para o parque.

Situações como essas induzem a pensar que, com as crianças brancas, as professoras manifestam maior afetividade, são mais atenciosas e acabam até mesmo por incentivá-las mais do que às negras. Assim, podemos supor que, na relação professor/aluno, as crianças brancas recebem mais oportunidades de se sentirem aceitas e queridas do que as demais.

Certa vez, a professora, dando uma volta pela sala de aula para conferir a lição das crianças, diz à menina Verônica (branca): "Ai, que menina mais linda, quer ser minha filha? Daí você ia morar na minha casa". A menina sorri e recebe um leve apertão nas bochechas.

Quando a menina Rafaela (branca) se dirige à professora e lhe dá um abraço, esta lhe diz sorrindo: "Você quer ser minha filha?". A menina, sorrindo, balança a cabeça, dizendo que sim.

Nota-se estar implícita, nesses comentários das professoras, não a necessidade de as crianças brancas receberem um novo lar, mas sim a possibilidade de o receberem, ou de pelo menos, no campo afetivo, já o terem. Faz-se necessário mostrar que a atenção, o carinho e o afeto são distribuídos de maneira desigual, e a categoria etnia regula o critério de distribuição.

As crianças negras, ao contrário, aproximam-se da professora guardando uma distância, de modo a não estabelecer o contato físico. Dois exemplos são bastante ilustrativos:

a) No parque, a menina Jacira (negra), chorando muito, aproxima-se da professora, mas, guardando uma distância, lhe diz: "O Ronaldo (branco) molhou a minha blusa". A professora responde: "Não chore não, está calor e vai secar logo. Depois nós duas pegamos ele, tá bem?". A menina para de chorar e vai para o sol.

b) No horário da saída, a pequena Catarina (negra) parte ao encontro da mãe e apenas olha para a professora, dizendo-lhe "tchau". Ela não procura a professora para receber ou dar um beijo.

Esse comportamento da criança pode representar o receio de ter a sua aproximação rejeitada, o que se justificaria pelo fato de ela ser pouco procurada pela professora para esse tipo de contato. Acredito, baseada no diálogo com uma criança negra, que este raciocínio é pertinente.

Perguntei a Catarina (negra) por que ela estava sozinha. Ela respondeu-me que as colegas não brincam com ela por ser negra: "Não adianta, elas não deixam porque sou preta".

Assim, nessa distribuição desigual de afetos, o professor convida para morar em sua casa sempre o mesmo tipo de criança, como que seguindo um modelo estético de aceitação. Portanto, reproduz a valorização étnica predominante na vida social. E o faz sem se importar com as crianças à sua volta.

Pode-se, então, imaginar o sofrimento de uma criança branca ao não ser convidada, ela própria, para morar com a professora. Pode-se, também, pensar no sofrimento de uma criança negra, não somente por não receber ela própria o convite mas também por nunca assistir a essa mesma cena sendo protagonizada por criança negra. Essas atitudes das professoras podem diminuir a possibilidade de as crianças negras se sentirem queridas por elas.

Situações como essas podem ser observadas fora do espaço escolar. Ampliando-as além desse microcosmo para a sociedade constata-se que, em geral, os seus integrantes apresentam um comportamento semelhante, não sendo ele exclusividade dessas professoras.

Mesmo assim, constata-se que o toque físico é bastante frequente na relação aluno/aluno, assim como as propostas de contato físico entre crianças negras e brancas e vice-versa. Dois meninos, sentados lado a lado, um branco e um negro, abraçam-se. Simultaneamente, uma aluna Solange (branca), mexe nos cabelos de outra, Jacira (negra), que fica recebendo o carinho.

Diante dessas situações, compreendo que não há uma rigidez de atitudes por parte das crianças, mesmo considerando que elas já interiorizaram um sentimento preconceituoso. Este fato não as impede de propor e permitir o contato físico entre si, resultando, como os exemplos demonstraram, em uma troca de carinho e em momentos de convivência pacífica.

"Ser bom" e "estar bom": uma sutil diferença

Por trás da premissa "todos somos iguais", largamente propagada pelas professoras, detecta-se uma tênue diferença nos elogios recebidos pelas crianças, quando são avaliadas suas atividades. Eles podem ser divididos em dois grupos, a saber:

Primeiro grupo – Elogio à criança:

a) A professora, ao corrigir a lição de uma criança branca, diz: "Você é maravilhosa. Parabéns!". A menina estampa um largo sorriso.
b) Ao avaliar a lição de uma aluna branca, a professora diz: "Você é muito inteligente!". A criança volta para a mesa sorrindo.
c) A professora, ao dar uma volta pelas mesas, para junto à carteira de um aluno branco e diz: "Está bonito, menino sabido!". A criança sorri.

Segundo grupo – Elogio à tarefa:

a) A professora, ao conferir a lição de um menino negro, diz-lhe: "Está bonita a sua lição!". A criança sorri.
b) A menina Denise (negra) leva a sua atividade para ser avaliada pela professora, que lhe diz: "Isso. Está certo!". A menina volta para a sua cadeira. Depois de cinco minutos, a menina se dirige novamente até a professora para mostrar-lhe a sua lição. A professora diz: "Está bonita!". A menina sorri e volta para o seu

lugar. Mais uma vez a menina caminha até a mesa da professora, que lhe diz: "Já disse que está bonita!". A menina volta para a sua cadeira.

c) A professora, andando pela sala, diz a um menino negro: "Deixe-me ver a sua lição!". Ele mostra o caderno e a professora lhe diz: "Está bonita!". O menino continua a sua lição.

Situações como essas sinalizam diferentes formas de avaliar as crianças em suas atividades, tudo realizado de modo muito sutil. A menina Denise, porém, mostra a sua incessante busca de "vir a ser" elogiada de forma mais profunda. O exemplo, contudo, leva a supor que Denise não alcançou o seu objetivo, permaneceu à espera desse afeto que não chegou a se realizar e que poderia ser significativo para sua autoestima.

Compreendo ser diferente um elogio que valorize a pessoa de um dirigido apenas à atividade por ela realizada. Entendo que a menina, ao voltar à mesa da professora, poderia estar esperando, apenas, o mesmo tratamento oferecido à menina branca, ou seja: "você é inteligente", "sabida", "maravilhosa".

Julgando a ação das professoras, tem-se a evidência de que os tratamentos são diferenciados e que essas diferenciações são percebidas pelas próprias crianças.

A pequena Eliana (branca) confirma essa tese quando nos diz: "A professora gosta de mim! Ela disse que eu sou muito inteligente!".

Pode-se afirmar que as crianças brancas são privilegiadas na relação professor/aluno, pois conseguem, com mais frequência, identificar-se positivamente. Por outro lado, esse processo pode resultar na falta de identificação por parte das demais crianças presentes na sala de aula. Nesse sentido, Dante Moreira Leite analisando a relação professor aluno diz:

> Poucos alunos conseguem ser percebidos, ou poucos conseguem identificar-se através do professor: deste não recebem, de volta, a própria imagem, a fim de que possam saber quem e como são. Esse problema não seria, talvez, tão pernicioso se os professores conseguissem manter uma atitude de neutralidade diante dos alunos, sem manifestar preferências ou antipatias. (...) Quase todos se deixam arrastar por preferências ou antipatias – e essa relação afetiva, geralmente inconsciente, marca seus alunos (D. Moreira Leite, "Educação e relações interpessoais", em Maria Helena Souza Pato (org.), Introdução à psicologia escolar, São Paulo, T. A. Queiroz, 1986, p. 242).

Ausência de limites entre brincadeira e violência, autoridade e violência

Podemos assistir, no espaço escolar, a cenas que ultrapassam os limites da brincadeira e do respeito à criança, deixando em seus lugares um quadro de explícita violência. Em certa ocasião, no horário do lanche, vários meninos se encontravam no banheiro. Um deles contou à merendeira que Augusto, menino negro, havia feito xixi na pia. Ela o advertiu: "Seu porco nojento! Se você fizer de novo vai ficar o dia inteiro de castigo!". O menino ficou calado. Também presenciei quatro crianças – dois meninos brancos e duas meninas negras – "brincando" de lutar. Todos com seis anos. Era visível, porém, o fato de que os meninos obtinham mais êxitos nos seus golpes. Já as meninas tentavam atingi-los, mas com movimentos medrosos e incertos. Duas professoras a tudo assistiam, sem interferir. Depois de três minutos, a "brincadeira" cessou. E os dois meninos foram para um lado e as duas meninas para outro. Ninguém fez qualquer comentário sobre o ocorrido.

A meu ver, a não interferência das professoras, e também a falta de estranhamento por parte das crianças permitem supor que essa cena – ver crianças "brincando" de lutar – é comum nessa escola.

Esse tipo de comportamento é sempre condenado pelas professoras, que impedem a sua continuidade e, como vi diversas. vezes, ameaçam castigar a criança que repeti-lo. Entretanto, para aquelas quatro crianças nada foi falado. E o que mais me intrigou foi o fato evidente de que as meninas estavam em desvantagem na "batalha".

Dias depois de ter assistido a essa cena, surpreendi-me ao observar a mesma turma durante o lanche. A merendeira pediu em voz alta, acima do normal, a uma criança para sentar-se direito em seu lugar. A menina estava um pouco torta em sua cadeira. Percebi, então, que se tratava de uma das que lutavam no parque. Ela olhou com expressão de quem não entendeu o pedido. A merendeira gritou mais alto ainda: "Sua sem-educação! Estou falando com você! Para lutar com os meninos você é esperta, não é?! Você vai fazer o que estou mandando?!".

Assim, sou levada a compreender que as cenas de lutas no parque eram entendidas como uma simples brincadeira. A cena prosseguiu, a merendeira deu um empurrão forte na cadeira, o que fez a menina bater o peito na mesa. E ainda lhe disse: "Da próxima vez que eu falar com você, não se faça de tonta, porque para lutar com os meninos você é esperta, e eu bem sei que de 'bocó' você não tem nada".

Nesse momento, surpreendi-me por não ser a única pessoa a assistir à cena. Também estava na área de lanche a mãe de uma criança de um outro período esperando para conversar com uma professora. Após presenciar essa cena, a mãe se retirou. A funcionária não se intimidou nem com a minha presença, nem com a dela. É como se lá só estivessem ela e a criança e aquela fosse uma atitude normal, considerada educativa.

Nem mesmo a chegada da professora inibe a postura da agressiva funcionária:

> Eu falei para sentar direito e ela disse que não, daí eu dei um empurrão na cadeira, que ela até pulou. Comigo é assim, ninguém não me engana, é um cãozinho em figura de gente. Quem olha para a cara dela pensa que é uma santa só falta a... como que é mesmo?

A professora completou: "Auréola". E mais nada.

Em outra situação, observei uma nova cena protagonizada pelas mesmas pessoas. Ao servir o lanche, a merendeira falou para a professora, enquanto a menina recebia o seu: "Como essa criança é fora de sintonia, meu Deus! Como essa menina é marcha lenta!". E disse essas palavras com cara de nojo e de aversão. E, em seguida, completou: "Três anos com essa menina, três anos que ela é assim. Ela não me desce".

A criança retirou o seu lanche e voltou para o seu lugar. Não sei precisar se ouviu o comentário. Mas, da forma como foi dito, seria difícil não ter escutado.

Por tudo isso, algumas perguntas se impõem: Estaria essa menina sofrendo, há três anos, esse tipo de violência tão prejudicial à sua integridade física e emocional? O que poderia sentir uma criança ao vivenciar situações como essas? Será que essa situação não causa incômodo à professora que a tudo assiste, impassível? E, se não se incomoda, por quê? E o que se passa com os outros alunos que assistem a essas cenas? Como entendem e interiorizam experiências tão absurdas?

Brincando de faz de conta

A dificuldade de lidar com o problema étnico parece dar às professoras a ilusão de que ignorar é a melhor saída. Em resposta aos inúmeros conflitos étnicos, o abafamento surge como uma opção para que o problema desapareça do cotidiano escolar e a sua vítima dele se esqueça. Como se fosse um conto de fadas que, no final, sempre acaba bem.

> Primeiro, não dá para fingir que não existe. Segundo, eu acredito que as coisas não têm que ser alimentadas, porque quando se dão asas a alguma coisa, se dá vida, você tem que alimentá-la ou ela te engole. Então, por exemplo, quando você transforma isso em problema, ele passa a ser um problema. Eu nunca entendo isso como um problema. Como na música do Caetano, eu acho que é isso, é só alguma coisa que está fora da ordem. Não é problema. Problema para mim é a Aids, é a morte, que são insolúveis até agora. Isso é problema. O que eu não consigo resolver é problema. A morte eu não consigo resolver. (Idalina)

Para outra professora, o preconceito existe:

> (...) mas eu sempre procuro coordenar de um jeito que não cria problema. Acho que não é por aí. Se não você começa esticar muito um assunto que não tem necessidade. A não ser que seja uma coisa séria. (Sônia)

Compreendo que possa haver uma grande dificuldade, por parte das professoras, em perceber a existência do preconceito e da discriminação dentro do espaço escolar. Em especial, na relação direta entre as crianças. Talvez pelo fato dessas situações não serem tão acentuadas dentro da sala de aula, ocorrendo, quase sempre, no parque, quando elas se encontram distantes.

Quando tomam conhecimento de uma situação de conflito entre os alunos, porém, geralmente resolvem o assunto sem levar em conta os possíveis elementos preconceituosos ou discriminatórios que possam estar permeando o fato.

Tal situação evidenciou-se para mim quando a professora chamou a atenção de quatro alunas: Catarina e Aparecida (negras) e Catarina e Solange (brancas): "Ou vocês param de brigar, ou vou colocar as quatro de castigo. A Catarina (branca) junto com a Denise (negra) em uma sala e em outra sala a Catarina (negra) junto com a Solange (branca). Entenderam?". As meninas brancas foram para um lado do parque e as duas negras em direção oposta. Depois a professora comentou comigo: "Elas são inimigas, já pensou ficar de castigo junto com a inimiga?!". Perguntei-lhe por que eram inimigas, ela respondeu: "Não sei, elas não se afinam".

A criança negra, porém, na fala das professoras, é um indivíduo diferente na escola, o qual tem um espaço demarcado, que não é o lugar comum onde se encontram as demais crianças:

> Eu noto uma coisa no menino preto: ele pode se isolar, mas a maioria dos pretinhos que eu conheci são exatamente o contrário. Eles querem aparecer. Querem chamar a atenção. Brincar. Não é aquele tímido, pelo menos com os que eu já trabalhei. Já trabalhei com criança que era moreninha, é sempre o mais levado, o mais briguento. (Ana)

Para outra funcionária, contudo, as crianças pretinhas – descritas com uma incrível precisão na coloração – podem ser mais educadas:

> As pessoas, às vezes, se dão melhor com preto do que com branco, com amarelo. Até o ano passado, ou retrasado, tinha dois irmãos, aqui, que eram pretinhos, pretinhos que pareciam carvãozinho. Eles chegavam a ser até azul, de tão pretinhos que eles eram. Mas que crianças educadas! Aqui dentro da escola não tinha uma criança que não gostasse dos dois. Todo mundo ia atrás deles. Eu não me lembro os nomes agora. Mas foram duas crianças, assim, que me marcaram muito. (Marli)

Depois explica o verdadeiro motivo pelo qual eles marcaram tanto, apesar de ter-lhes esquecido os nomes – suas atitudes servis:

> Esses pretinhos não sabiam o que fazer para agradar. Até teve uma época que tinha período integral e essas crianças ajudavam a gente a varrer. As crianças procuravam agradar de tudo quanto era jeito. E eram crianças pretas, melhores do que as branquinhas. (Marli)

Há ainda quem, como Magali, considere os alunos negros possuidores de notável beleza: "As crianças negras são as mais engraçadinhas, as mais bonitinhas".

Diante desse modo de conceber as crianças negras, surgem algumas perguntas: Por que elas são as mais levadas, as mais briguentas, melhores do que as branquinhas? E, paradoxalmente, o que impõe a necessidade de afirmar sua beleza incondicional? Se acaso fossem mesmo vistas como as mais bonitas, qual, então, seria o impedimento de tê-las nos livros e cartazes espalhados pela escola?

Família e relações étnicas: o difícil contato com o racismo, o preconceito e a discriminação

Nas entrevistas com os familiares, a preocupação básica era levantar os efeitos das relações multiétnicas, na sociedade brasileira e na vida dos entrevistados. Assim, os depoimentos possibilitaram compreender um pouco mais a socialização das crianças no que tange à diversidade étnica.

Os depoimentos dos negros, ao mesmo tempo que revelam a visão de mundo, os conceitos e a forma predominante de relações sociais de cada um deles, também demonstram que essas experiências são crivadas pelo fator étnico.

Em contrapartida, os depoimentos dos brancos pouco revelam acerca da percepção e incidência do preconceito e da discriminação em suas vidas. Senão, vejamos: "Acho que parou um pouco essa história de racismo porque agora tem cadeia. Se alguém começar a te xingar é só dar queixa. Então, parou um pouco. Mas existe bastante" (Elizabete – adolescente negra).

Uma mãe negra reforça a ideia de diminuição do preconceito, apesar de os negros continuarem sendo alvo de atenção e tendo seu comportamento, postura e *status* sendo questionados:

> Está diminuindo. Eu tenho saído muito, ido em muitos lugares que antes só frequentavam negros, e hoje em dia tem uma quantidade muito grande de brancos. Claro que os brancos pensam: "Aquela neguinha quer aparecer". Mas já não é uma coisa tão forte quanto já foi um dia. O inverso disso acontece muito também. Porque, geralmente, onde entram dez brancos e um negro acontece aquela coisa de todo mundo se voltar e olhar para o

negro. Porque você é diferente. Porque a cor da sua pele é diferente. Para saber se você está bem arrumada, se sabe conversar, se tem dinheiro. Isso acontece muito no Brasil. (Roseli)

As famílias brancas também reconhecem a existência do racismo na sociedade brasileira atual, como ressalta Dalila, branca, avó de um dos alunos:

> Esse negócio de preconceito sempre vai existir. Isso de acabar com ele não adianta querer, porque não dá. Está dentro das pessoas. Não sei explicar para você. Não é só com raça, é com rico, com pobre. Não é só na parte de raça, de posição social também.

É fácil observar que existe uma diferença bastante acentuada entre os depoimentos dos integrantes do grupo negro e os do branco. Para os negros o reconhecimento do preconceito se dá de modo concreto, e os prejuízos podem ser contabilizados. "Nós éramos todas da mesma idade. Às vezes elas estavam conversando, só entre elas brancas, eu chegava, elas falavam: 'Eu não chamei você, preta, só tem branca na rodinha. Não tem preta'" (Elizabete, adolescente negra).

Esta mesma entrevistada experimenta um dos aspectos mais perversos do preconceito na relação conjugal. Encontra-se grávida de um homem branco e ele deixa claro que só aceitará a paternidade do filho se a criança nascer branca.

> Ele fala para mim que se o meu filho for preto não é dele. Se for branco, pode até ser. Pensa que, se sair preto, pode ser do outro, se sair branco pode ser dele. Eu falo: "Não é seu, mas é meu. Não importa a cor que vier, o jeito que vier! Se Deus mandou...". Daí ele fica quieto, não fala nada. Eu falo para ele: "Pode ser branco, eu nunca vou ter preconceito". Quando a gente tem um filho branco e a gente é preta, sempre tem esse tipo de preconceito.

Antes dela, porém, a mãe já vivera situações semelhantes, quando os filhos eram crianças. Uma das irmãs de Elizabete era mais clara, o que motivou comentários de amigos e vizinhos. Ela lembra: "'Regina, essa não é sua filha!' Porque a Solange tem os olhos claros, bonitos. 'Você é preta, sua filha é branca.' Como pode ser sua filha?".

Assim, os indivíduos negros vão relembrando suas experiências e os prejuízos com o racismo na sociedade brasileira. Os episódios cotidianos mostram-se permeados de situações conflituosas que marcam profundamente cada um. A desigualdade de direitos e as diferenças derivadas da condição étnica aparecem claramente quando o negro se candidata a um emprego:

> Em relação à questão profissional nem se conta, o racismo é 200%. Você vai a uma firma que tem dez brancos, você tem dois, três negros. Nessa parte o racismo é muito grande ainda. A consciência do povo é muito pequena. Houve uma época que eu deixei de ser autônoma e fui procurar emprego. A loirinha, bonitinha, dos olhos azuis sempre estava em primeiro lugar. (Roseli – mãe negra)

Para outra mãe negra, Sueli, a experiência do preconceito e da discriminação é muito mais ampla:

> Eu já sofri muito preconceito racial e ainda sofro. Só que agora eu sofro cinco tipos de preconceito, antigamente era um só: por ser negra, mulher, casada, por ter mais de trinta anos e por ter filho. Então, eu não consigo arrumar emprego. É muito difícil lidar com tudo isso.

Ela relembra um episódio marcante da sua vida profissional:

> Quando eu tinha quatorze anos, sofri muito preconceito. A minha encarregada me chamou no final do ano e falou: "Você não pode usar roupa branca!". Eu gostava muito de camisa, de gola branca. Ela falou: "O negro fede muito. Você deveria usar uma roupa de outra cor, e não branca!". Falou em tom alto para me agredir mesmo. Para ela, se eu fosse de roupa branca, eu não iria trabalhar, para me sujar, nem suar, já que o negro fede tanto. Aquilo para mim foi um absurdo. Mas eu não podia responder nada, porque ela era minha chefe. Se eu respondesse, eu podia ser mandada embora. Era uma escola, inclusive. Saí de lá chorando, desesperada, supernervosa com o que tinha acontecido. Tive que abaixar a cabeça, porque precisava do emprego. Tive que aguentar essa discriminação.

Para os indivíduos negros, a experiência escolar também parece repleta de acontecimentos prejudiciais, o que dificulta a aquisição de uma identidade positiva, ao mesmo tempo que lhes confere o lugar daquele que não é bem-vindo e aceito no grupo.

De acordo com Sueli (mãe negra), a discriminação pode levar, até mesmo, à reprovação do aluno. Ela estava na primeira série quando adoeceu. Na mesma época, isto também ocorreu com uma colega branca:

> O professor mandou a prova para a minha amiga, em casa, e para mim não. Porque eu sou negra. E ele me detestava. Ele me reprovou. Depois disso, desanimei. Comecei a me prejudicar, porque eu sabia que tinha acontecido isso por causa do racismo. Eu estudava e tudo, mas era uma coisa muito forçada, porque eu comecei a ficar retraída, com vergonha de ser negra. Era discriminada também pelos colegas. Eu cheguei a me tornar uma pessoa muito revoltada.

Agredida várias vezes por colegas, Sueli aponta o preconceito, como o fator responsável por toda a violência sofrida: "Eles falavam: 'Olha a negrona, você é isso, aquilo'... Todos os dias eu apanhava... foi em quase toda a minha infância...".

Essas experiências até chegaram a levá-la a refletir sobre a dicotomia, expressa na filiação divina: "Eu achava que o branco era filho de Deus, porque todo mundo falava: 'Jesus Cristo é branco'. Então, o branco é filho de Deus e o preto é filho do Diabo. E eu acreditava nisso".

Desse modo, são inúmeras as dificuldades derivadas da cor da pele. O preconceito cria impedimentos para o exercício da cidadania. Assim, diante da sua existência, cada um vai vivendo da melhor forma possível.

Elizabete aponta a existência de um tratamento diferenciado para as mães e parentes de crianças brancas na escola que sua irmã estuda. Atribui à cor de sua pele o mal atendimento que a professora da irmã lhe dispensa:

> Ela entregou os papéis para todo mundo, para mim não. Eu tive que ir até a mesa e pedir o papel da minha irmã, para ver. Ela disse que não ia entregar naquela hora, que ia ficar com ela, porque a Solange ia ficar de recuperação. Aí eu falei: "Como, se você tinha falado que ela já tinha passado de ano?". Daí, ela disse: "Ah, me desculpa!". Eu perguntei como a Solange estava, ela virou as costas para mim e foi conversar com uma mãe. É assim, ela dá atenção para aquelas outras, informa sobre os filhos, e quando a gente vai perguntar faz de conta que não é com ela.

Bem diferente, entretanto, é a percepção que as famílias brancas têm do problema étnico no Brasil. O branco apenas vê o preconceito e não sofre, diretamente, as consequências dele. O depoimento de Ester, uma avó branca, mostra bem isso:

> Uma vez eu fui à escola e a professora me chamou e afirmou que eu proibi minha filha de brincar com a menina, porque ela teria piolho. E eu falei: "Nem conheço essa menina!". Daí a professora percebeu que era ela quem não queria brincar, porque a garotinha era negra. Mas, agora, nossa! As amigas dela são bem morenas.

Para Lourdes, uma mãe branca e nordestina, a experiência da discriminação é corriqueira: "Qualquer coisinha que alguém faça de errado, você já escuta: 'É porque é paraíba. É porque é baiano!'".

O primeiro depoimento deixa transparecer a dificuldade da entrevistada em classificar as amigas da filha como negras. A outra expressa a sua identificação com a problemática étnica pelo fato de ser nordestina.

Sem dúvida, as entrevistas apontam para a existência do preconceito na sociedade atual. Entretanto, percebe-se que essa questão é camuflada até mesmo no cotidiano familiar. Dessa maneira, a criança não é educada para respeitar e conviver com as diferenças, sobretudo com as diversidades étnicas.

> Não falo sobre esse assunto com meu filho. Passo muito tempo longe dele. Eu trabalho o dia inteiro. E quando eu chego em casa a gente conversa como foi o meu trabalho, o que ele fez hoje, o que ele assistiu, se ele vai no clube ou não vai. Então essas coisas a gente não chega a conversar por falta de tempo e falta dele falar comigo. Dele puxar o assunto. (Roseli – mãe negra)

Outra mãe, embora também apele à falta de tempo, afirma que, sempre que a filha pergunta, explica as diferenças:

> Mas a gente conversa de vez em quando. Na hora que ela pergunta, eu vou e falo: "Isso é isso, é aquilo". Mas fora disso eu não falo. Realmente eu não falo nada. Então, na medida do possível, eu vou explicando as coisas para ela. Sempre que ela me pergunta eu respondo. (Lourdes – mãe branca)

As falas expressam uma certa insegurança e até mesmo uma falta de questionamento anterior sobre preconceito e discriminação. A ausência de informação pode representar para a criança branca a ideia de pertencer a um grupo étnico superior, visto que essa ideia é muito difundida pela sociedade de modo implícito e até mesmo explícito.

Por outro lado, para a criança negra esse silêncio sobre o preconceito pode levá-la a entender o seu grupo como inferior, ideia que se conforma, automaticamente, à superioridade branca. Como diz Elizabete:

> E a Solange nunca quis que falasse que ela era preta. Ela sim tinha um tipo de preconceito. Falava: "Eu sou branca. Vocês são negros, vocês são pretos". Porque a gente não fala negro, a gente fala preto. "Eu sou branca, porque meu pai é branco. E vocês são pretos." Eu falo para ela: "Como? Seus irmãos são pretos. Sua mãe é preta. Você saiu de dentro de uma preta. Então, como você é branca?".

É interessante notar a forma usada pela entrevistada para qualificar a irmã como a mais bonita da família: "(...) ela era quem tinha cabelo melhor; sempre foi bonita; tem os olhos claros, bonitos; até hoje é a mais clara; ela está queimada do sol". Fica fácil perceber que a filha considerada a mais bela é aquela que mais se aproxima do ideal de beleza predominantemente branco.

Diante disso, pode-se compreender a repulsa da criança em se identificar com o negro, com aquilo que lhe parece "ruim". A recusa da criança expressa o seu temor de deixar o lugar que lhe foi dado – o da mais bonita – e se reconhecer negra.

Outra consequência do silêncio no lar pode resultar na dificuldade da criança negra agir diante de situações de conflitos étnicos. Como explica a pequena Aparecida, quando não reclama das crianças que a ofendem: "Eu esqueço de falar para a professora. A minha mãe disse que se elas batessem em mim era para descontar. Mas se eu brigar com elas, eu fico de castigo".

Ela mostra que detém meios de reagir diante da agressão física, mas não da verbal. Não utiliza seu direito de defesa. Neste caso, não resta nada a ser feito, a não ser se calar.

Ainda sobre o espaço escolar, Elizabete diz que, um dia, a professora chamou sua irmã Solange de "suja".

Ao chegar em casa, a menina quebrou o costumeiro silêncio e contou à família, que optou por não tomar nenhuma atitude. Posteriormente, ao substituir a mãe na reunião de pais e mestres, Elizabete soube do ocorrido. Segundo ela, a irmã ficou muito chateada com o episódio. Para ela, Solange poderia estar apenas "mal arrumada", naquele dia.

Ela também relata uma reclamação feita pela professora de sua irmã, Aparecida – na pré-escola –, para quem a menina teria piolho porque usava tranças de canecalon:

> Ela pediu para não deixar ela usar trança. Acha que são as tranças que trazem piolho. Se está com o cabelo curto os meninos xingam, falam que parece homem. Quando se arruma direitinho acham que as tranças trazem piolho. Aí eu falei para a professora: "Minha mãe cansa de limpar a cabeça dela." E ela respondeu: "Então, eu estou mandando remédio, manda limpar a cabeça. Senão sua irmã não vai poder mais vir para a escola."

Conforme vimos, a menina Solange ficou magoada com esta situação inusitada de ser chamada de "suja". Essa situação contrasta com o posto que lhe foi, e ainda é, conferido no lar: a mais bonita. E a irmã, por fim, acaba endossando a reclamação da professora, dizendo à Solange que ela precisa se arrumar melhor.

No outro caso, Aparecida encontra-se diante desse mesmo confronto: no lar sua beleza é realçada e valorizada pela tranças, mas, na escola, não. Elas são qualificadas de "portadoras de piolhos".

No interior desse grupo, podemos constatar, também, o entendimento de ofensas étnicas como uma brincadeira. Sérgio, um jovem negro, irmão de uma das crianças, diz que na escola ele era "chamado" pelos amigos de "piche" e "macaco". Porém, para ele, "isso não era bem xingar. Eram aqueles que a gente tem mais amizade. Um que xinga o outro, outro que xinga o outro. Daí ia indo".

Quanto à experiência no lar, Elizabete conta-nos que o pai do seu filho fazia algo semelhante:

> Ele era muito ligado nesse negócio de escravidão. Ele falava assim: "Chegou a sua época de escravidão". Daí ele cantava aquela música da época de escravidão da escrava Isaura, que cantavam para os escravos quando estavam apanhando. Aí ele pegava e fazia o barulho do chicote e falava: "Vamos para o tronco!".

Para ela, esse tipo de brincadeira entre os irmãos é bastante comum: "Ah, sua preta. Seu nego. Seu sujo. Macaco. Ah, macaco, você está bem? Você está indo trabalhar, macaco?".

Para ela não há nada de errado no fato de eles brincarem entre si dessa forma, confirmando o que a pesquisadora Conceição Chagas diz na página 35 de seu livro *Negro, uma identidade em construção*, de 1996:

> Os chavões, piadas e histórias com conotações racistas são repetidas nas famílias, mesmo nas negras, como também críticas feitas ao comportamento de pessoas negras acompanhadas do refrão "isso é coisa de negro", são aliados ao posicionamento subliminar da sociedade discriminatória, uma fonte poderosa de formar no seio das famílias condições para a facilitação de introjeções sobre supremacia e supervalorização da raça branca.

Os depoimentos dos familiares demonstram que a socialização das crianças é realizada, levando pouco em conta a questão multiétnica existente na sociedade brasileira e as implicações dela decorrentes. Em seus estudos sobre essa questão, o pesquisador Henrique Cunha Jr. afirma:

> Em todas as situações nos parece haver uma indecisão dos pais, devido, em parte, ao fato de eles não acreditarem na existência do racismo brasileiro, ou por procurarem sistematicamente negá-lo, pois admiti-lo é admitir a condição de ser inferior. Outro motivo da indecisão relaciona-se aos resultados do protesto motivado pela injustiça sofrida. Primeiro, que a experiência mostra que tal protesto não é levado em conta por ninguém. Segundo, porque ficam por vezes com medo da criança ficar marcada e ser perseguida. ("A indecisão dos pais face à percepção da discriminação racial na escola", em *Cadernos de Pesquisa*, nº 63, 1987, p. 52)

E, contradizendo aqueles que tentam minimizar a questão, argumentando que crianças nessa faixa etária não possuem conhecimentos que remetem à situação da discriminação, Roseli, uma mãe negra, afirma: "As crianças possuem conhecimento sobre as diferenças étnicas e às vezes chegam a ser maldosas".

E isso não é percebido só pelas famílias negras. Lourdes, uma mãe branca, confirma: "Eu acho que elas possuem sim, porque a criança já cresce com aquela coisa na cabeça. O preconceito está lá, né?". Os familiares demonstram perceber a necessidade de se conversar sobre o preconceito e sobre as diferenças étnicas com as crianças. A maioria deles acredita que uma preparação para a convivência com a diversidade étnica seja favorável. Nas famílias negras, tal conhecimento aparece como. uma forma de a criança receber referências positivas e fortalecer sua autoestima.

E é desde pequena, segundo eles, ao redor dos seis anos de idade, que a criança deve começar a ser preparada pela família, por meio de conversas efetivas sobre a questão étnica. Ou até menos, como acredita Roseli:

> Isto tem que acontecer desde o momento em que a criança começa a entender o que é certo e o que é errado. Porque com quatro ou cinco anos elas já sabem o que é certo, o que é errado. Quando a gente fala alguma coisa, já sabe se magoar. Então, a gente deve conversar sobre isso.

Quanto a quem cabe conversar sobre preconceito com a criança, não há uma única indicação. Assim, ora a família aparece como aquela que deve desempenhar esse papel, ora esse papel é transferido para a escola, como aponta Lourdes:

> Eu acho que a responsabilidade é nossa, dos pais. E da escola também um pouquinho. Eu acho que se ela chegar e perguntar à professora, ela tem que explicar também. Na escola ela tem contato com todo mundo diferente: japonês, chinês, branco, tudo quanto é tipo de gente, né? Eu acho, a gente tem que explicar um pouco em casa, e a professora também, se a criança perguntar.

Para outra mãe negra, Regina, essa é uma tarefa exclusiva da escola: "Geralmente é o professor quem deve dar aula disso. A escola deveria explicar. Ou então, ter uma pessoa só para dar falar disso".

Talvez a transferência da responsabilidade para a escola possa resultar da compreensão que os pais têm do papel dessa instituição como educadora formal de cidadãos, além da dificuldade e do incômodo em se falar sobre esse assunto.

É interessante notar o modo como os integrantes do grupo familiar veem a escola de seus filhos. Para eles, a escola possui mais aspectos positivos, o que lhes dá a certeza de a criança estar sendo bem acolhida pelos profissionais que nela trabalham, como demonstra a fala de Lourdes:

> Eu gosto da escola. Eu acho que é um lugar aberto, bem arejado, com bastante sol. Por ser uma escola da prefeitura eu acho ela até muito boa, porque ela é limpinha, arrumada e simpática. Eu gostei da professora. Acho ela boa. Embora tenha a cara de brava. É muito amigável com as crianças. Eu achei elas bem atenciosas, sempre simpáticas. Eu não tenho nada a falar contra.

Para as famílias negras, já não há um consenso sobre a escola. Há mães negras como Sueli, que se sente acolhida: "Eu gosto. Acho que é uma escola boa. Eu sempre fui atendida bem, tanto pela professora dele quanto pela diretora".

Se, por um lado, ela pode ser vista com bons olhos e transmitir um sentimento de acolhimento, por outro também dá margem para que lhe teçam críticas quanto ao seu modo de atender e avaliar as crianças, como o faz Roseli:

> O ensino é médio. Com a diretora eu nunca conversei. Com os serventes em geral é aquela coisa: atendem um monte de crianças e não têm tempo para dar atenção para a criança ou para os pais. É sempre dando bronca, reclamando que a criança fez isso ou aquilo. É sempre para criticar, nunca para dar um elogio.

Ainda no que se refere ao cotidiano escolar, quer as famílias negras quer as famílias brancas não percebem a existência de tratamentos diferenciados. Todos sentem que suas crianças são tratadas de forma igual por parte das profissionais da escola, a exemplo de Lourdes, branca e nordestina, que já declarou ser muito susceptível a notar discriminação: "Eu não sei. Eu nunca presenciei nada que falasse que é algum racismo, alguma coisa. Esse já é o segundo ano dela lá. Eu chego, deixo a menina, volto e pego. Mas eu nunca presenciei nada, nada, nada".

Sueli, negra, também confirma sua satisfação com a escola, lembrando os incentivos dados pela professora: "Ela disse para mim sempre falar para o César para ele estudar, para ser doutor. É para eu colocar sempre na cabecinha dele: que é para ele estudar para ser doutor".

Essa última fala pode indicar que a professora compreende a existência de preconceito na sociedade brasileira, que só pode ser vencido individualmente, por meio da ascensão social, supostamente proporcionada pelos estudos.

Note-se que, além de compreender o problema como sendo individual e não coletivo e social, a professora acredita que seja passível de mudança, a partir do desejo da vítima e de sua família.

Penso que essa é uma visão muito limitada do problema, pois o que garante ao indivíduo o desejo de formação profissional é também a possibilidade de inserção profissional e de condição econômica para tal intento.

Na voz de Regina, negra, mãe da pequena Aparecida, também sobressai o entendimento da existência de atitude discriminatória por parte de uma das professoras, como já tinha sido anteriormente apontado por outra funcionária da escola: "A única professora que eu achei que era assim, meio racista, era a Sônia. Minha filha e a Catarina tiraram uma foto separadas, sabe? Bem embaixo, não junto, nem no meio das meninas".

Já Sueli, a mãe de César – o garoto cujo colega teria dito que "preto tem que roubar mesmo" –, faz questão de ressaltar que não reclamou da escola, pois aquilo era apenas "coisa de criança":

> Fiz a reclamação, mas não da escola, porque teve umas conversinhas, coisa de criança. Eu fui falar com a professora. O César chegou em casa com um brinquedinho velho, que ele deve ter achado na areia. Eu perguntei porque ele tinha trazido o brinquedo. Eu prensei ele, e ele falou: "Porque o meu amiguinho falou para mim: que preto tem que roubar mesmo". Aí, eu peguei e fui no dia seguinte, com o brinquedo, fui tirar satisfação. Fui perguntar para a professora. Ela não estava sabendo o que tinha acontecido. Chamou a criança, falou para ela que lá não tem cor: que é tudo aluno – branco, preto ou amarelo, não tem nada. Eu acho que ela resolveu o problema.

Nitidamente, como já analisamos, o caso revela uma situação de discriminação entre as crianças, dentro da escola. É interessante notar que a criança, depois de ter passado por tal situação, ao chegar em casa, não conta para a sua mãe o ocorrido.

A criança teve que ser prensada para falar sobre a sua experiência, como se estivesse assumindo para si a culpa da situação. É como a sua mãe explica: "Ele ficou tímido. Ficou envergonhado. Ele ficou assim: com medo de levar bronca, alguma coisa".

No ambiente familiar as diferenças étnicas ganham diversas explicações dos adultos, que, diante da percepção das crianças, tentam, na medida do possível, responder às suas interrogações. Porém, muitas vezes, as informações são passadas juntamente com os preconceitos e estereótipos adquiridos pelos adultos em sua trajetória de vida, como demonstra Lourdes: "A minha filha fala: 'Mamãe por que aquela menina é preta?'. Eu falo: 'Filha, do jeito que você nasceu branca, têm algumas crianças que nascem pretas. Porque a mãe é preta, o pai é preto'. Isso já é normal para ela. Ela só quer saber o porquê".

Nem mesmo as discriminações sofridas por ser nordestina encaminham a entrevistada para um outro tipo de percepção, raciocínio e afirmação, que não sejam, notadamente, baseados em estereótipos:

> No serviço do meu marido tem negros. Eles já vieram aqui em casa. São pretos. Preto por fora, branco por dentro (dá uma risadinha). Então, eu acho que isso é muito relativo. É só preconceito. Não existe problema de pele, de cor. Isso é tudo da cabeça das pessoas. A gente fala isso porque ouve falar: "Nossa senhora! É uma pessoa preta por fora e..." Então, o casal que veio aqui é bem preto. Eles têm filhos pretos... (ao concluir a fala, demonstra admiração) ... mas são de uma educação, de uma simpatia!

Vemos que, ao comentar seu relacionamento com os amigos do marido, Lourdes enfatiza a "simpatia" dessas pessoas que, de tão educadas, acabam sendo "pretas por fora, mas brancas por dentro". Isto a estimula a questionar o porquê dos preconceitos, mas sem abrir mão da mesma linha de análise calcada numa visão estereotipada:

> Então, eu fico pensando: por que as pessoas têm que falar do preto, não é? Então, eu não sei, é meio branco por dentro, preto por fora. Preto, branco é tudo a mesma coisa. O preto é uma pessoa tão, tão mais forte do que o branco, não? Eu acho. O preto é bem melhor do que o branco: mais forte, não é? A gente vê os atletas. Você vê os melhores atletas do mundo, que cor eles

têm? São pretos, a maioria. Porque têm mais força. E o branco é que tenta botar o negro lá embaixo, mas não consegue.

Tentando demonstrar apreciação ao grupo negro e recriminar as atitudes e práticas discriminatórias, a entrevistada exalta a suposta superioridade física do negro. O que, além de poder ser entendido como uma "compensação", nos faz lembrar do modelo escravocrata que utilizava ideias semelhantes para justificar o trabalho braçal ao qual os negros escravizados eram submetidos.

Outra mãe branca, Márcia, não se utiliza desses artifícios e demonstra uma visão igualitária e integracionista: "Eu acho que não deveria existir, porque somos todos iguais. Todos seres humanos, tanto faz o preto, o amarelo. Não se pode distinguir uma criança de outra cor, só porque ela é escurinha ou é pobre. Tem que ser todos iguais. Somos todos iguais".

Concordando com Márcia, Sueli, a mãe do César, elogia a professora Teodora, a quem reputa a mesma visão, e condena qualquer tipo de tratamento diferenciado. Mesmo acreditando nessa "igualdade" ela procura despertar no filho um "orgulho negro", baseado na beleza e nas origens africanas, que faz dele uma pessoa diferente:

> Essa professora deixa bem claro: "É todo mundo igual". Não vou falar assim: porque ele é pretinho vai ser melhor, ou vai ter que ter espaço só para ele. Não. Tem que ser tudo igual. Senão seria até pior, se falasse para ele tem que ser diferente, porque ele é pretinho. Não, não gosto. Primeiro porque ele não é pretinho, ele é negro. Tem que colocar bem que é a nossa raça, é a nossa origem, da África, é negro. Falo: "Somos negros". E falo para ele que o negro é lindo. Porque se não ele fica colocando na cabeça que a branquinha tem o cabelo comprido, então, ela é mais bonita do que ele, do que uma priminha. Eu falei: "Não, negro é muito bonito, é lindo (alonga a primeira sílaba), é uma cor bonita, não é?". Eu começo a colocar para ele. É todo mundo igual. Tem que colocar bem que é a nossa raça, é a nossa origem, da África, é negro.

Apesar da visão limitada que os pais têm sobre a responsabilidade da escola na discussão da diversidade étnica, Sueli demonstrou grande percepção das possibilidades de o espaço escolar ser um centro de debate e valorização da cidadania dos negros. A base do raciocínio desenvolvido por ela aponta a disseminação de informações sobre o negro, como a melhor estratégia para se combater o preconceito.

Nas falas dos entrevistados, temos a revelação do silêncio da criança negra posteriormente à situação de preconceito. Constata-se, assim, que algumas, ao passarem por conflitos étnicos no cotidiano escolar, não levam o problema para o lar, para os seus familiares.

Muitas vezes os conflitos são entendidos como expressão da própria personalidade das crianças, como é o caso de Regina, uma mãe negra: "Ela sempre reclamava dos meninos. Mas sabe reagir bem. Ela fala só que briga. E quando ela briga, se defende: 'Ah! Mãe, eu briguei, mas eu me defendi!'. Então, como eu sei que ela aqui é brava, não ligo. Ela se defende mesmo!".

Algumas famílias negras justificam seu silêncio pelo das próprias crianças. O fato de elas não revelarem a existência de conflitos é sinal evidente da ausência do problema, como se pode intuir da fala de Roseli:

> Nunca ele chegou e falou que tinha brigado com um coleguinha, ou que alguém o chamou de neguinho. Tudo ele fala. Se ele tivesse passado por algum constrangimento: "Mãe, alguém me xingou, alguém me chamou disso, me chamou daquilo..." Mas nunca ele reclamou.

Mas o fato de elas não fazerem esse tipo de comentário pode estar ligado à costumeira ausência desse assunto no meio familiar, o que daria às crianças a ideia de que esse assunto deve ser trancafiado, escondido.

Nos lares pesquisados há depoimentos que compreendem o negro como um agente reprodutor do racismo, como afirma Sueli: "Família é muito importante. Às vezes tem o próprio negro que também é racista".

Pensamento compartilhado por muitas pessoas como Dalila, avó de uma criança branca, testemunha de que negros podem se discriminar mutuamente:

> Eu não sei se é o branco que tem preconceito contra o "nego" ou é o "nego" que tem preconceito contra o branco e contra ele mesmo. Tive uma sócia que era preta, a Luci. E a gente trabalhava com cabelo. Ela fazia alisamento à chapinha muito bem. Iam

aquelas pessoas bem pretas. E umas ficavam falando das outras. Fazendo gozação. Pretas, com cabelão enorme, falavam: "Luci, fui num salão e chegou umas negronas com o cabelo deste tamanho. A gente tem medo de olhar para elas".

Esses depoimentos demonstram que o negro, vivendo em uma sociedade que lhe proporciona sistematicamente a interiorização da negatividade do seu grupo étnico, acaba aceitando isso como verdade e reproduzindo o mesmo comportamento e pensamentos.

FAMÍLIA, ESCOLA E SOCIEDADE: A CONSTRUÇÃO DO SILÊNCIO E DA SUBMISSÃO NA SOCIALIZAÇÃO

> *Subo hoje a esta tribuna, como negro que sou, defensor do meu povo, para levantar nesta Casa, a voz dos milhões de afro-brasileiros deste país, ofendidos e discriminados – quando não mortos ou torturados – durante quase cinco séculos de escravidão no Brasil. Não fui eleito senador para silenciar a catástrofe coletiva do povo afro-brasileiro.*
>
> Abdias do Nascimento

Ao final, este trabalho revela-nos que, no que tange ao espaço escolar, as crianças estão tendo infinitas possibilidades para a interiorização de comportamentos e atitudes preconceituosas e discriminatórias contra os negros.

Encontramos na escola educadoras que se dizem (e se sentem) compromissadas com o seu fazer profissional, mas mostram-se cegas para as suas ações, principalmente quando questionadas sobre as relações interpessoais estabelecidas no cotidiano da pré-escola.

Paralelamente, nas famílias, encontramos adultos e jovens preparando seus novos membros para a vida social desconsiderando o caráter multiétnico da população, o pertencimento a um grupo específico e, mais ainda, o racismo secular que impera na sociedade brasileira.

O silêncio que atravessa os conflitos étnicos na sociedade é o mesmo que sustenta o preconceito e a discriminação no interior da escola.

De modo silencioso ocorrem situações, no espaço escolar, que podem influenciar a socialização das crianças, mostrando-lhes diferentes lugares para pessoas brancas e negras.

A escola oferece aos alunos, brancos e negros, oportunidades diferentes para se sentirem aceitos, respeitados e positivamente participantes da sociedade brasileira. A origem étnica condiciona um tratamento diferenciado na escola.

É flagrante a ausência de um questionamento crítico por parte das profissionais da escola sobre a presença de crianças negras no cotidiano escolar. Esse fato, além de confirmar o despreparo das educadoras para se relacionarem com os alunos negros, evidencia, também, seu desinteresse em incluí-los positivamente na vida escolar. Interagem com eles diariamente, mas não se preocupam em conhecer suas especificidades e necessidades.

A existência de preconceito e de discriminação étnicos, dentro da escola, confere à criança negra a incerteza de ser aceita por parte dos professores. Como ficou demonstrado neste trabalho, as crianças da pré-escola, além de já se darem conta das diferenças étnicas, percebem também o tratamento diferenciado destinado a elas pelos adultos à sua volta.

Essa percepção compele a criança negra à vergonha de ser quem é, pois isso lhe confere participar de um grupo inferiorizado dentro da escola, o que pode minar a sua identidade.

Resta a criança branca a compreensão de sua superioridade étnica, irreal, e o entendimento da inferioridade, igualmente irreal, dos indivíduos negros.

Não há como negar que o preconceito e a discriminação constituem um problema que afeta em maior grau a criança negra, visto que ela sofre, direta e cotidianamente, maus tratos, agressões e injustiças, que afetam a sua infância e comprometem todo o seu desenvolvimento.

No espaço escolar há toda uma linguagem não verbal expressa por meio de comportamentos sociais e disposições – formas de tratamento, atitudes, gestos, tons de voz e outras –, que transmite valores marcadamente preconceituosos e discriminatórios, comprometendo, assim, o conhecimento a respeito do grupo negro.

Como ao negro estão reservados, na sociedade, papel e lugar inferiores, pode-se afirmar que essa linguagem o condiciona ao fracasso, à submissão e ao medo, visto que parte das experiências vividas na escola é marcada por humilhações.

Isso leva os alunos negros a experimentarem o desejo, impossível, de tornarem-se brancos e eliminarem, assim, a cor indesejável, característica mais perceptível do estigma de sua inferioridade, Na impossibilidade, só lhe resta desejar ser uma cópia da criança branca, que é respeitada e recebida positivamente no espaço escolar. Daí os inúmeros casos de negação de seu grupo de pertencimento.

O gritante silêncio que ecoa no espaço reservado para a felicidade e realização do ser humano

É difícil, senão impossível, ser feliz convivendo permanentemente com esse conflito. O resultado provável é que a criança negra sofra severamente com esse problema. Torna-se, portanto, improvável que ela consiga construir uma identidade positiva.

Simultaneamente, a criança branca é levada a cristalizar um sentimento de superioridade, visto que, diariamente, recebe provas fartas dessa premissa. A escola, assim, atua na difusão do preconceito e da discriminação.

Tais práticas, embora não se iniciem na escola, contam com o seu reforço, a partir das relações diárias, na difusão de valores, crenças, comportamentos e atitudes de hostilidade em relação ao grupo negro.

Mesmo considerando os atos do professor como inconscientes em relação às crianças negras, suas atitudes as magoam e marcam, provavelmente, pela vida afora.

Na escola, o professor reproduz o padrão tradicional da sociedade. Como sujeito, é compreensível, embora não seja aceitável, mas não como profissional da educação.

A pré-escola oferece uma quantidade muito ínfima de ações que levam a entender a aceitação positiva e valorizada das crianças negras no seu cotidiano, o que ameaça a convivência em pleno processo de socialização.

Tudo leva a crer que elas têm recebido o mesmo tipo de socialização que seus pais, fortemente comprometida com a hegemonia branca da sociedade.

Ao se achar igualitária, livre do preconceito e da discriminação, a escola tem perpetuado desigualdades de tratamento e minado efetivas oportunidades igualitárias a todas as crianças.

Sabemos não ser a transformação da sociedade tarefa apenas da educação. Mas esperamos que ela acompanhe as transformações sociais e as mudanças históricas.

Como um bálsamo, o silêncio abranda as dores da alma

No lar, diante das pessoas próximas à família, a criança negra é respeitada nas suas características; seu comportamento não é recriminado nem ela é vítima de humilhações constantes baseadas em seu pertencimento étnico.

O silêncio, ali reinante, quer acalentar, proteger do sofrimento que, sabemos, virá ao seu encontro. Assim, a família protela, por um tempo maior, o contato com o racismo da sociedade e com as dores e perdas dele decorrentes.

"Silencia" um sentimento de impotência ante o racismo da sociedade, que se mostra hostil e forte. "Silencia" a dificuldade que se tem em se falar de sentimentos que remetem ao sofrimento. "Silencia" o despreparo do grupo para o enfrentamento do problema, visto que essa geração também apreendeu o silêncio e foi a ele condicionada na sua socialização.

O silêncio das famílias brancas decorre também desses mesmos aspectos que influenciam as negras, mas marca sua posição confortável diante do problema que diretamente não as atinge.

Ao silenciar, a escola grita inferioridade, desrespeito e desprezo. Neste espaço, a vergonha de hoje somada à de ontem e, muito provavelmente, à de amanhã leva a criança negra a represar suas emoções, conter os seus gestos e falas para, quem sabe, passar despercebida num "espaço que não é o seu".

A escola, penso, representa um espaço que não pertence, de fato, à criança negra, pois não há sequer um indício de sua inclusão, exceto a sua presença física. Ali, ela é destituída de seus desejos e necessidades específicos: reconhecimento da sua existência e aceitação como indivíduo negro, provimento de alternativas que lhes possibilitem um sonhar com futuro digno.

Não se pode deixar por conta de um silêncio criminoso crianças sofrendo diariamente situações que as empurram e as mantêm em permanente estado de exclusão da vida social.

E, pior ainda, em permanente sentimento de culpa pelos tratamentos a elas destinados. Isso porque, atribuindo a si mesma a causa do seu sofrimento, precocemente expropriada do direito de reagir, de indignar-se, dificilmente conseguirá (re)significar os acontecimentos.

Torna-se difícil não perguntar por que o professor se omite em relação ao problema étnico. Silenciar essa realidade não apaga magicamente as diferenças. Permite, porém, que cada um construa, a seu modo, um entendimento do outro que lhe é diferente.

Quando pautado em experiências vividas como as que foram mostradas, esse entendimento conforma a divisão étnica e o papel a ser executado pelo indivíduo. Não se possibilitam, desse modo, alternativas exequíveis de transformação da realidade.

A escola tem-se mostrado omissa quanto ao dever de reconhecer positivamente a criança negra, no cotidiano, o que converge para o afastamento dela do quadro educacional.

Se o acesso, à educação representa um direito de todos os cidadãos, é contraditório o espaço escolar não estar preparado para receber crianças negras, essencialmente em um país de maioria negra.

Da forma como se tem dado, o processo de socialização da nova geração constitui um obstáculo à mudança do quadro de racismo na sociedade brasileira.

Diante do emaranhado de problemas subjacentes às relações étnicas, cabe a nós, formuladores de opinião – professores, educadores e: pesquisadores críticos –, pensar e lutar por práticas que objetivem a inclusão positiva de crianças e de jovens negros na estrutura educacional.

É, portanto, indispensável a elaboração de um trabalho que promova o respeito mútuo, o reconhecimento das diferenças, a possibilidade de se falar sobre elas sem receio e sem preconceito.

Finalmente, não há como retirar de nossas mãos a obrigação de direcionarmos um olhar mais amplo para o mundo e, assim, perceber o quanto nós também interiorizamos e servimos a esta ideologia racista.

NOTAS

Introdução

1. Ronilda Ribeiro. *Alma africana no Brasil – Os iorubás:* São Paulo: Oduduwa, 1996.
2. Grupo racista dos EUA que, formado por indivíduos brancos, atua, desde o período escravista, matando, mutilando e agredindo, das mais variadas formas, indivíduos negros: adultos, jovens e, principalmente, crianças.
3. "Racismo na Internet". *Folha de S. Paulo*, São Paulo, 13 maio 1998. Caderno 6, p. 5. Aponta que a rede abriga a defesa e o ataque a negros, judeus, indígenas, imigrantes e outros discriminados. Por intermédio de charges e piadas racistas, esses *sites* defendem o separatismo racial, mostrando-se contrários ao multiculturalismo e considerando o igualitarismo uma política errada.
4. No decorrer da análise será usada a palavra no feminino, devido ao fato de haver somente mulheres trabalhando na referida escola.

Educação infantil – socialização: família, escola e sociedade

1. Nesse trabalho, Caparrós analisa dados de uma pesquisa realizada com crianças de quatro a sete anos de idade na qual duas perguntas básicas foram feitas: "Você gosta de ser menino(a)?" "Por quê?". Para a análise, ele divide os grupos em alta burguesia e camada média e média inferior. Nicolas Caparrós. *Crises de la família:* Revolucion del vivir. Editorial Fundamentos, Madrid, 1981, pp. 45-81.
2. Sobre socialização, consultar Berger & Luckmann, 1976; Gomes, 1987, 1994; Silva, 1987; Barbosa, 1987.
3. Em outras palavras: "A identidade é formada por processos sociais. Uma vez cristalizada é mantida, modificada ou mesmo remodelada pelas relações sociais. Os processos sociais implicados na formação e conservação da identidade são determinados pela estrutura social" (Berger & Luckmann, 1976, p. 228).
4. Neusa Santos Souza. *Tornar-se negro:* as vicissitudes da identidade do negro brasileiro em ascensão. Rio de Janeiro, Graal, 1983.
5. Citado por Rosalind Street-Porter (org.) "The socialization process in relation to race", em *Educacional Studies: a third level course education and urban enviroment, Block V Race children and cities*. Walton Hall, 1978, p. 50.

6. No livro *A origem das espécies*, de Darwin, há a formulação clássica da evolução orgânica e biológica das espécies. No campo da antropologia, porém, serão os antropólogos ingleses *Sir* James George Frazer e *Sir* Edward Burnett Tylor e o americano Lewis Morgan que formularão conceitos sobre a unidade cultural e os estágios diferentes de evolução e desenvolvimento civilizatório. A diferença passa a ser conceituada como desigualdade. Para se atingir a civilização, os povos passariam, necessariamente, pelos seguintes estágios: selvageria, barbárie e civilização. Sistematiza-se, a partir desses conceitos, a noção da hierarquia racial que se constituiu num axioma científico do século passado, que teve como expoentes Friedrich Ratzel e o conde de Gobineau. Consultar: Rocha, 1994.
7. Aula expositiva dada pelo professor Kabengele Munanga no curso de pós-graduação na Faculdade de Antropologia/USP, 2º semestre de 1996.
8. No *Dicionário Aurélio* (1988), a palavra preconceito traz essa definição: "1. Conceito ou opinião formados antecipadamente, sem maior ponderação ou conhecimento dos fatos; ideia pré-concebida. 2. Julgamento ou opinião formada sem se levar em conta o fato que os conteste; prejuízo. 3. Superstição, crendice; prejuízo. 4. suspeita, intolerância, ódio irracional ou aversão a outras raças, credos, religiões etc."
9. Citado por Jones, 1973, p. 54.
10. Os meios de comunicação representam um forte instrumento de propagação de racismo. Não podemos esquecer que os meios de comunicação existem nesta sociedade e os valores que divulgam foram também ideologicamente camuflados, podendo assim estar trabalhando pela desqualificação do "diferente", sem se dar conta, sem refletir sobre o papel que estão desempenhando ao mostrar e reforçar implícita ou explicitamente os aspectos negativos de um determinado grupo ou individuo estigmatizado. Os programas televisivos, propagandas e jornais apresentam, constantemente, os indivíduos negros como inferiores. Ver: "A publicidade e os símbolos raciais", *Jornal da USP*, 9 a 12 de dezembro de 1991, p. 2. Na Escola de Comunicação e Artes da Universidade de São Paulo há um grupo de pesquisadores, coordenados pela Prof². Dra. Solange Couceiro, que estuda o racismo nos meios de comunicação.
11. Embora no ano de 1989 tenha entrado em vigor a lei 7.716/89, do deputado Carlos Alberto de Oliveira, em atendimento às reivindicações do movimento negro, que regulamenta o dispositivo constitucional que pune práticas racistas. Para Silva, essa lei representa um "expressivo avanço do ponto de vista político e no seu suporte técnico-jurídico e deixa muito a desejar, o que tem socorrido não só os que têm cometido esse tipo de delito criminal, mas o próprio Poder Judiciário, que não tem interesse no seu aperfeiçoamento, para não se ver obrigado a decidir sobre fatos que o incomodam, pois atinge, na maioria das vezes, diretamente aqueles que fazem parte das classes dirigentes" (1996, p. 128).

Relações étnicas no Brasil

1. Optamos pela grafia "negro" em razão de sua utilização histórica. As denominações utilizadas pelo Instituto Brasileiro de Geografia e Estatísticas (IBGE) – preto, pardo, branco e amarelo – não contemplam a perspectiva

de análise desta pesquisa. Consideramos "negros" os "pretos e pardos", segundo as definições do IBGE.
2. R. Ribeiro. *Alma africana no Brasil – Os iorubás*. São Paulo, Oduduwa, 1996.
3. Para Moura (1994), tiraram do escravo africano e de seus descendentes, de forma definitiva, "(...) a territorialidade, frustraram completamente a sua personalidade, fizeram-no falar outra língua, esquecer as suas linhagens, sua família foi desmantelada e/ou dissolvida, os seus rituais iniciáticos tribais se desarticularam, o seu sistema de parentesco completamente impedido de ser exercido, e, com isto, fizeram-no perder, total ou parcialmente, mas de qualquer forma significativamente, a sua ancestralidade. [...] Além do mais, após o 13 de Maio e o sistema de marginalização social que se seguiu, colocaram-no (o escravizado) como igual perante a lei, como se no seu cotidiano da sociedade competitiva (capitalismo dependente) que se criou esse princípio ou norma não passasse de um mito protetor para esconder as desigualdades sociais, econômicas e étnicas" (Moura, 1994, p. 160).
4. Para Azevedo (1996), a fama da "democracia racial" brasileira – o país da igualdade – vem desde 1816, por meio de uma ideia divulgada por Henry Koster (filho de britânicos nascido em Lisboa que viveu de 1809 a 1811 em solo brasileiro) em seu livro publicado em Londres (1816). Para Koster, os brasileiros eram mais "indulgentes" com os escravos que os europeus. No nosso século, essa função foi desempenhada por Gilberto Freire em *Casa Grande e senzala*, como afirma Cunha Jr.: "A construção feita sobre o artefato de *Casa Grande e senzala*, em que as relações não seriam tensas, pois o 'senhor' dormia com a escravizada. Advogada do escravizador, por isso enaltecida e de contestações abafadas. 'Eito', 'senzala' e 'casa grande', não são uma poética construção harmônica, são relações de extrema violência. A visão entre a casa grande e a senzala é da cozinha do escravizador, eurocêntrica iluminada pelo racismo." (Cunha Jr., *Folha de S. Paulo*, 28/7/1995, p. 1, Caderno 3). Ainda sobre uma crítica do mito da "democracia racial", consultar: Maria Alice de Aguiar Medeiros. *O elogio da dominação – relendo Casa Grande e senzala*. Rio de Janeiro, Achiamé, 1984. – Fernando Henrique Cardoso. "Os livros que inventaram o Brasil", in *Novos Estudos* – Cebrap, nº 37, nov. 1993, pp. 21-35.
5. Azevedo (1990), sobre esse fato, diz: "Das consequências da escravatura, não temos dúvidas de que, pior que a pobreza, a miséria, o analfabetismo, a marginalização e a doença, é... a perda da autovisão de valor. Se qualquer forma de racismo por si só é condenável, devido aos efeitos bloqueadores que impõe ao outro, o autorracismo é o mais destruidor dos sentimentos, pois impede até o prazer natural de ser um ser." (Azevedo, 1990, pp. 48-9).
6. Conforme pesquisa realizada pelo Datafolha: "Racismo cordial". *Folha de S. Paulo*, Caderno Especial, junho, 1995.
7. Pesquisa divulgada pelo jornal *Folha de S. Paulo* aponta para a desigualdade nas condições de vicia entre negros e brancos na cidade de São Paulo. Essa pesquisa, realizada com base nas declarações de óbito registradas no ano de 1995, mostrava que os homicídios por arma de fogo eram a principal causa de morte entre negros. Morreram dessa forma 7,5% dos negros estudados, contra 2,8% dos brancos. Ver: "Negro morre a bala e branco, do coração". *Folha de S. Paulo*, 17 de maio de 1998, 3º Caderno, pp. 1-4.

8. Em anos anteriores, houve trabalhos pioneiros sobre as condições de vida dos negros brasileiros. Como os trabalhos realizados nas áreas da etnografia comparativa por Nina Rodrigues (1935) e Edison Carneiro (1937). A partir de 1950, porém, os trabalhos dirigidos pelo professor Roger Bastide provocaram uma mudança substantiva nas linhas de pesquisas sobre o negro brasileiro. Consultar: Bastide e Fernandes, 1955.
9. No mesmo ano, o presidente instituiu o Grupo de Trabalho para a Eliminação da Discriminação no Emprego e na Ocupação (GTEDEO) e o Grupo de Trabalho Interministerial para a Valorização da População Negra (GTI), ambos ligados ao Ministério da Justiça, com o objetivo de desenvolver estratégias e políticas para o combate à discriminação racial. Ampliaram-se, assim, as discussões sobre a implantação de Políticas de Ação Afirmativa no território nacional. Cabe-nos cobrar os resultados desses trabalhos.
10. Ver a matéria "O fim do mito", que apresenta uma pesquisa realizada pela *IstoÉ*/Brasmarket, que fragiliza a tese de uma convivência pacífica entre negros e brancos na sociedade brasileira (*IstoÉ*, 4/9/1996).
11. Depoimento de uma professora extraído do trabalho de Oliveira, 1992, p. 98.
12. Depoimento de uma criança negra extraído do trabalho de Oliveira, op. cit., p. 108.
13. A autora analisou 48 livros de leitura para a 4ª série do ensino fundamental, sorteados de listas publicadas anualmente pela Secretaria de Educação do Estado de São Paulo. Ver sobre o assunto: Pinto & Myasaki, 1985; Negrão, 1987.
14. Também para Silva (1995) os livros de comunicação e expressão do primeiro grau apresentam o negro carregado de estereótipos, como feio e mau. Nos livros didáticos analisados pela autora, os negros são descritos e ilustrados como seres irracionais, com atitudes e comportamentos que traduzem incapacidade intelectual. E, com desumanização sugerida, os negros têm ainda uma atuação limitada no espaço social: quando não são apresentados como domésticos, eles são apresentados como escravos.
15. Depoimento dado por uma técnica da Secretaria da Família e do Bem-Estar Social do Município de São Paulo à Oliveira, 1994.

Família, escola – socialização e as diferenças étnicas

1. Estou fazendo referência ao caso de uma menina negra cujos pais pediram auxílio da professora porque a menina não queria ser negra.
2. Citado por Abdias do Nascimento. *O genocídio do negro brasileiro*. Rio de Janeiro, Paz e Terra, 1978, p. 94.
3. A menina se refere à apresentadora loira de programa infantil da Rede Globo.
4. Observação realizada na sala de aula da professora Amália, junho de 1997. Havia na sala 22 crianças, sendo 10 negras e 12 brancas.

REFERÊNCIAS BIBLIOGRÁFICAS

Livros

AZEVEDO, C. M. "O abolicionismo transatlântico". In: *Estudos Afro-asiáticos*, nº 30. Rio de Janeiro: 1996. pp. 151-62.
AZEVEDO, E. *Raça conceito e preconceito*. São Paulo: Ática, 1990.
BARBOSA, I. M. F. "Socialização e identidade racial". In: *Cadernos de Pesquisa*, nº 63. São Paulo: 1987. p. 54-5.
BERGER, P. L. & LUCKMANN T. *A construção social da realidade: tratado de sociologia do conhecimento*. Trad. Floriano S. Fernandes. 7. ed. Petrópolis: Vozes, 1976.
BLEGER, J. "A entrevista psicológica: seu emprego no diagnóstico e na investigação". In: *Temas de psicologia: entrevista e grupos*. São Paulo: Martins Fontes, 1980, pp.7-43.
BORGES PEREIRA, J. B. "A criança negra: identidade étnica e socialização". In: *Cadernos de Pesquisa*, nº 63. São Paulo: 1987. pp. 41-5.
CAPARRÓS, N. *"Revolucion del vivir". Crises de la familia*. Madrid: Fundamentos, 1981. pp. 45-81.
CARDOSO. F. H. "Livros que reinventaram o Brasil". In: *Novos Estudos Cebrap*, nº37. São Paulo: 1993. pp. 21-35.
CARNEIRO, E. *Os negros Bantus*. Rio de Janeiro: Civilização Brasileira, 1937
CHAGAS, C. C. das. *Negro: uma identidade em construção*. São Paulo: Vozes, 1996.
COSTA, J. F. "Da cor ao corpo: a violência da racismo." In: SOUZA, N. S. *Tornar-se negro: as vicissitudes da identidade do negro brasileiro em ascensão*. Rio de Janeiro: Graal, 1983. pp. 1-16.
CROCHIK, L. *Preconceito, indivíduo e cultura*. São Paulo: Robe Editorial, 1995.
CUNHA Jr., H. "A indecisão dos pais face à percepção da discriminação racial na escola". In: *Cadernos de Pesquisa*, nº 63.1987. pp. 51-3.
CUNHA Jr., Henrique. *Textos para o movimento negro*. São Paulo: Edicon, 1992.
ERLKSON, E. *Identidade juventude e crise*. Rio de Janeiro: Zahar, 1976.
FIGUEIRA, V. M., "O preconceito racial na escola". In: NASCIMENTO, Elisa Laskins (org.). *A África na escola*. Brasília: Senado Federal, Gabinete do senador Abdias do Nascimento, 1991.
GODOY, E. A. *A representação étnica por crianças pré-escolares – um estudo de caso à luz da teoria piagetiana*. São Paulo: Unicamp, 1996. (dissertação de mestrado).

GOFFMAN, I. *Estigma: notas sobre a manipulação da identidade deteriorada*. Trad. Marcia B. M. L. Nunes. 4. ed. Rio de janeiro: Guanabara, 1963.

GOMES, J. V. *Família, escola, trabalho: construindo desigualdades e identidades subalternas*. São Paulo: FEUSP, 1996 (tese de livre-docência).

_____. "Relações família e escola – continuidade / descontinuidade do processo educativo". Ideias, nº 16 São Paulo, 1993.

_____. *Socialização: um estudo com famílias de migrantes em bairro periférico de São Paulo*. São Paulo: IPUSP, 1987. (tese de doutorado).

_____. "Socialização primária: tarefa familiar?" In: *Cadernos de Pesquisa*, nº 91. São Paulo: nov. 1994. pp. 54-61.

_____. "Socialização: um problema de mediação?". *Psicologia/USP*. São Paulo: 1990. pp. 57-65.

GONÇALVES, L. A. *O silêncio: um ritual pedagógico a favor da discriminação*. Belo Horizonte: UFMG, 1985 (dissertação de mestrado).

_____. "Reflexão sobre a particularidade cultural na educação das crianças negras". *Cadernos de Pesquisa*, nº 63. São Paulo: 1987. pp. 27-30.

GUTIERREZ, F. *Educação como práxis política*. Trad. Antonio Negrino, São Paulo: Summus, 1988.

HASENBALG, C. A. *Discriminação de desigualdades raciais no Brasil*. Rio de Janeiro: Graal, 1979.

_____. *Notas sobre relações de raça no Brasil e na América Latina*. São Paulo, 1990 (mimeo).

_____.*Perspectivas sobre raça e classe*. Rio de Janeiro, 1981. (mimeo).

JONES, M. J. *Racismo e preconceito*. Trad. Dante Moreira Leite. São Paulo: Edgard Blücher/Edusp, 1973.

LIBÂNEO, J. C. *Democratização da escola pública – a pedagogia crítico-social dos conteúdos*. São Paulo: Loyola, 1985.

LÜDKE, M. & ANDRE, M. E. D. A. *Pesquisa em educação: abordagens qualitativas*. São Paulo: E.P.U., 1986.

MEDEIROS, M. A. *O elogio da dominação: relendo Casa Grande & Senzala*. Rio de Janeiro: Achiamé, 1984.

MELLO, S. L. de. *Trabalho e sobrevivência – mulheres do campo e da periferia de São Paulo*. São Paulo: Ática, 1988.

MINAYO, M. C. S. *O desafio do conhecimento: pesquisa qualitativa em saúde*. São Paulo/ Rio de Janeiro: Hucitec, 1993.

MOREIRA LEITE, D. "Educação e relações interpessoais". In: PATO, M. H. S. (Org.) *Introdução à psicologia escolar*. 2. ed. São Paulo: T. A. Queiroz, 1986. pp. 234-57.

MOURA, C. *Dialética radical do Brasil negro*. São Paulo: Anita Ltda, 1994.

MUNANGA, K. "As facetas de um racismo silencioso". In: SCHWARCZ. L. M. & QUEIRÓS, R. S. (Orgs.) *Raça e diversidade*. São Paulo: Edusp, 1996.

NASCIMENTO, A. *Combate ao racismo – discursos e projetos* (separata de discursos, pareceres e projetos, nº 57). Brasília, Câmara dos Deputados, 1983.

_____. *O genocídio do negro brasileiro*. Rio de Janeiro: Paz e Terra, 1978.

NEGRÃO, E. V. "A discriminação racial em livros didáticos e infanto-juvenis" In: *Cadernos de Pesquisa*, nº 63. São Paulo. 1987, pp. 86-7.

OLIVEIRA, E. *Relações raciais nas creches do município de São Paulo*. São Paulo: PUC, 1994. (dissertação de mestrado).

OLIVEIRA, I. M. *Preconceito e autoconceito: identidade e interação na sala de aula*. São Paulo: Papirus, 1994.

OLIVEIRA, R. *Relações raciais na escola: uma experiência de intervenção*. São Paulo: PUC, 1992. (dissertação de mestrado).

PETTIGREW, T. F. et alii. *Prejudice*. Cambridge: The Belknap Press of Harvard University Press, 1982.

PINTO, R. P. "A representação do negro em livros didáticos de leitura". In: *Cadernos de pesquisa*, nº 63. São Paulo: 1987. pp. 88-9.

PINTO, R. P. & MYASAKI, N. "A escola e a questão da pluralidade étnica". In: *Cadernos de Pesquisa*, nº 55. São Paulo: 1985. pp. 3-17.

QUEIROZ, M. I. P. "Relatos orais: do 'indizível' ao 'dizível'". In: *Ciência e Cultura*, nº 3. São Paulo: 1987, pp. 272-86.

RIBEIRO, R. *Alma africana no Brasil – os iorubás:* São Paulo: Oduduwa, 1996.

RIBEIRO, R. & NOGUEIRA, I.B. *Autoimagem e ideal de ego da criança negra brasileira*. São Paulo, 1992 (mimeo).

RIBEIRO, R. et alii. *"A temática racial no projeto de educação para a paz"*. Havana, 1997 (mimeo).

ROCHA, E. G. *O que é etnocentrismo*. São Paulo: Brasiliense, 1994.

RODRIGUES, N. *Os africanos no Brasil*. São Paulo: Nacional, 1935.

ROSEMBERG, F. *Educação e desigualdade social*. São Paulo: Loyola, 1984.

_____. "Relações raciais e rendimento escolar". *Cadernos de Pesquisa*, nº 63. São Paulo: 1987. pp. 19-23.

SILVA, A. C. *A discriminação do negro no livro didático*. Salvador: CED, 1995.

_____. "Ideologia do embranquecimento". In: LIMA, I. C. & ROMÃO, J. (Orgs.). *As ideias racistas, os negros e a educação*. Florianópolis: NEN, 1997a. pp. 11-20.

SILVA, A. C. A. "Questões legais e racismo na história do Brasil". In: MUNANGA K. (Org.) *Estratégias e políticas de combate à discriminação racial*. São Paulo: Edusp, 1996. pp. 121-32.

SILVA, P. B. G. "Formação da identidade e socialização no Limoeiro". In: *Cadernos de Pesquisa*, nº 63. São Paulo. 1987: pp. 39 a 57

_____. "Vamos acertar os passos? Referências afro-brasileiras para os sistemas de ensino". In: LIMA, I. C. & ROMÃO, J. (Org.) *As ideias racistas, os negros e a educação*. Florianópolis: NEN, 1997.

SOUZA, N. S. *Tornar-se negro: as vicissitudes da identidade do negro brasileiro em ascensão*. Rio de Janeiro: Graal, 1983.

STREET-PORTER, Rosalind (org.) "The socialization process in relation to race", In: *Educational Studies: a third level course education and urban enviroment. Block V Race children and cities*. Walton Hall, 1978. pp. 25-57.

TRIUMPHO, V. R. "A criança negra e a cultura afro-brasileira". In: NASCIMENTO, E. L. (Org.) *A África na escola*. Brasília: Senado Federal, Gabinete do senador Abdias do Nascimento, 1991.

VALENTE, A. L. E. F. "Proposta metodológica de combate ao racismo nas escolas". In: *Cadernos de Pesquisa*, nº 93, 1995, p. 40-50

VELHO, Gilberto. *Subjetividade e sociedade: uma experiência da geração*. Rio de Janeiro: Jorge Zahar Editor, 1989.

Artigos de jornais e revistas

"Racismo cordial". In: *Folha de* S. *Paulo*. Caderno Especial – 1º/6/1995. In: *Folha de S. Paulo*. Caderno 3, 28/7/1995, p. 1.
"Racismo na *Internet*". In: *Folha de* S. *Paulo*. Caderno 6, 13/5/1998, p. 5. "Negro morre a bala e branco, do coração". In: *Folha de* S. *Paulo*. Caderno 3, 17/5/1998, pp. 1-4.
"A publicidade e os símbolos raciais". In: *Jornal da USP* 9. 12/12/1991, p. 2.
"O fim do mito". *IstoÉ*. São Paulo, 4/8/1996, pp. 75-80.

AGRADECIMENTOS

Aos professores Rosalice Lopes, Hélio Santos, Regina Pahim Pinto, Durlei Cavicchia e Henrique Cunha Júnior, por suas importantes críticas e sugestões, que muito me ajudaram a melhorar a qualidade deste trabalho.

Às professoras, aos alunos e familiares da EMEI, por terem me permitido compartilhar de suas vidas e produzir este trabalho.

À Jerusa Vieira Gomes, pelo apoio e orientação.

Aos meus amigos e companheiros do NEINB/USP e, em especial, para Denise Botelho, Juarez Tadeu P. Xavier e Oswaldo Faustino, que, além da amizade e do carinho a mim dedicados, contribuíram para a elaboração deste trabalho.

Ao CNPQ, pela concessão de bolsa de estudo.

GRÁFICA PAYM
Tel. [11] 4392-3344
paym@graficapaym.com.br